Partnerschaft – Flucht – Folgen (ParFluFol)
Inwiefern beeinflussen die Flucht und ihre Folgen die Paarbeziehungen von Flüchtlingspaaren?
Eine Arbeit am Beispiel der iranischen Paare

Autorin: Zahra Rahimi

Hannover, November 2024

Partnerschaft – Flucht – Folgen (ParFluFol)
Inwiefern beeinflussen die Flucht und ihre Folgen die Paarbeziehungen von Flüchtlingspaaren?
Eine Arbeit am Beispiel der iranischen Paare

I. Inhaltsverzeichnis

0. Vorwort

Mit dieser Arbeit soll die Aufmerksamkeit der Sozialen Arbeit auf die Partnerschaft der Flüchtlinge gelenkt werden.

Dieses Thema ist aus der Perspektive der Verfasserin von großer Bedeutung, weil die fehlenden Hilfestellungen wahrscheinlich zu vielen Biographiebrüchen bei dieser Personengruppe in Deutschland geführt haben.

Die Autorin hat im Rahmen ihrer beruflichen Tätigkeiten immer wieder mit dieser Personengruppe in unterschiedlichen Kontexten und Organisationen zu tun gehabt. Die wiederkehrende Berührung mit den Flüchtlingen in verschiedenen Zusammenhängen veranlasste die Schreiberin, sich mit dem Thema Partnerschaft nach der Flucht zu beschäftigen. In diesem Rahmen entstand die Idee für diese Arbeit.

Diese Schrift wird allen Flüchtlingspaaren gewidmet, deren Partnerschaft und Familie unter der Flucht gelitten haben. Sie richtet sich an Menschen, die keine Kenntnisse über das Hilfesystem im Aufnahmeland haben und mit den Herausforderungen des Alltags in einem neuen sozialen Umfeld nicht zurecht kommen.

Sie wird den Kindern gewidmet, die unter einer problematischen Elternbeziehung gelitten haben und deren Zukunft dadurch beeinflusst worden ist.

Insbesondere gilt diese Arbeit der Familie aus Hannover, die jahrelang viele Herausforderungen alleine meistern musste und letztendlich nicht genug Kraft hatte, um die vorhandenen Hindernisse zu bewältigen.

Das Buch ist insbesondere ein Geschenk an den Jungen, der viele Jahre seinen kranken Vater hilflos beobachtet und begleitet hat. Ein Junge, der unter den Gegebenheiten stark gelitten hat und dessen Leben von dieser Vergangenheit gefärbt worden ist.

---

[1] Blaschka-Eick/Heß, S. 19 n. Volksbund Deutsche Kriegsgräberfürsorge e.V. 2013, S. 2

Diese Arbeit ist auch gleichzeitig eine Danksagung an Privatpersonen und Einrichtungen wie Kargah in Hannover, die versuchen, mit ihrer Arbeit ein Ort des Kennenlernens und der Handreichung zu sein.

Bei der Entstehung dieses Werkes haben einige Privatpersonen sowie Kargah beigetragen. Sie haben bei der Suche von Interviewpartnern[2] geholfen. An dieser Stelle sagt die Autorin ein großes Dankeschön.

Die Danksagung geht auch an die Personen, die sich für ein Gespräch Zeit genommen haben und bereit waren, über ihre ganz persönlichen Themen offen zu sprechen.

Insbesondere geht meine Danksagung an Frau Monika Tolle, die sehr viel Zeit zum Korrekturlesen geopfert hat.

---

[2] Um den Lesefluss zu vereinfachen, wird in dieser Arbeit nur die männliche Ausdrucksform angewendet.

1. Einleitung

Das Thema „Flucht" und die damit verbundenen Probleme in Deutschland sind auch heute noch genauso aktuell wie in den vergangenen Jahren. Die Flüchtlingsthematik[3] beschäftigt nicht nur die Politiker im Land, sondern auch die gesamte Bevölkerung. Allzu oft herrscht Uneinigkeit in der Politik über die geeigneten Regelungen für die Flüchtlingsaufnahme und die entstehenden Kosten. Viele sprechen über die Auswirkungen der Flucht und die Veränderungen, die Flüchtlinge in der deutschen Gesellschaft mit sich bringen.

Häufig wird das Thema Flucht auch unter verschiedenen Aspekten wie Trauma, Gesundheit und den Ursachen der Flucht diskutiert. Was jedoch fast gar nicht thematisiert wird, ist, wie sich die Flucht und das Leben in einem Aufnahmeland wie Deutschland auf diese Menschen auswirken.

Die Geflüchteten verlassen alles Bekannte und Gewohnte, um an einem unbekannten Ort neu zu beginnen, nachdem sie eine Reise mit wahrscheinlich vielen Herausforderungen hinter sich gebracht haben. Sie lassen alles hinter sich, was sie besaßen. Sie kommen ohne genauen Plan nur mit der Hoffnung auf eine bessere Zukunft.

Besonders wenn ein Paar oder eine Familie[4] alles zurücklässt und sich in einem unbekannten Ort niederlässt, sind von veränderten Verhältnissen auszugehen. Die Autorin stellt fest, dass die Perspektive der Flüchtlingspaare bei der Betrachtung der Flucht oft vernachlässigt wird. Insbesondere vermisst sie immer noch die Sensibilität der Sozialen Arbeit in Bezug auf dieses Thema.

---

[3] Laut Amnesty International werden Personen, die aus ihrem Heimatland fliehen oder zur Flucht gezwungen werden und in einem anderen Land Schutz suchen, als Flüchtling charakterisiert (http://www.amnesty.ch/de/themen/menschenrechte/ flüchtlingsrecht, 15.10.14). Flüchtling ist nach der Definition der Genfer Flüchtlingskonvention (GFK), wer „[...] aus der begründeten Furcht vor Verfolgung wegen ihrer Rasse, Religion, Nationalität, Zugehörigkeit zu einer bestimmten sozialen Gruppe oder wegen ihrer politischen Überzeugung sich außerhalb des Landes befindet, dessen Staatsangehörigkeit sie besitzt, und den Schutz dieses Landes nicht in Anspruch nehmen kann oder wegen dieser Befürchtungen nicht in Anspruch nehmen will; oder die sich als Staatenlose infolge solcher Ereignisse außerhalb des Landes befindet, in welchem sie ihren gewöhnlichen Aufenthalt hatte, und nicht dorthin zurückkehren kann oder wegen der erwähnten Befürchtungen nicht dorthin zurückkehren will" (Auszug aus dem Abkommen über die Rechtsstellung der Flüchtlinge n. Müller 2010).

[4] Es gibt zwar keine einheitliche Definition für den Begriff „Familie", aber Familien sind im Vergleich zu anderen Lebensformen dadurch gekennzeichnet, dass sie durch ihre „biologisch-soziale" Beziehung, durch die Generationsdifferenzierung wie Großeltern/Eltern/Kind(er) miteinander in Verbindung stehen und dadurch, dass zwischen ihren Mitgliedern ein spezifisches Kooperations- und Solidaritätsverhältnis vorhanden ist, aus dem eine Rollendefinition festgelegt wird (vgl. Nave-Herz 2013, S. 34ff.). Im Sinne des Mikrozensus sind alle Formen von Eltern-Kind-Gemeinschaften als Familie zu bezeichnen (vgl. Krack-Roberg/Krieger/Sommer/Weinmann 2013 n. Bundeszentrale für politische Bildung, Statistisches Bundesamt (Hrsg.), S. 51).

Bevor das eigentliche Thema behandelt wird, möchte die Verfasserin an dieser Stelle deutlich machen, dass es in dieser Arbeit nicht um Flüchtlingspolitik und Flüchtlingsrechte geht. Ebenso wird nicht untersucht, ob die Flüchtlinge Veränderungen in der deutschen Gesellschaft verursachen. Auch die Ursachen der Flucht auf der Welt und die Möglichkeiten zur Verbesserung der Lage von Menschen in ihren Heimatländern werden in dieser Untersuchung ausgeschlossen.

Um den Rahmen der Arbeit übersichtlich zu halten, wurde entschieden, dass die romantische Liebe ebenso keine besondere Aufmerksamkeit erhält. Es geht hier nicht darum, ob die Paare aus Liebe zusammengekommen sind oder was Liebe in ihrem Kulturkreis bedeutet oder wie sie die romantische Liebe verstehen.

Wie die Autorin in einer wissenschaftlichen Arbeit im Jahr 2014 (Rahimi 2014, "Paare in Interaktion") gezeigt hat, bleibt die Arbeit mit Paaren in der Sozialen Arbeit allgemein ein vernachlässigtes Thema. Trotz der Nöte, mit denen Paare konfrontiert sind, fehlen immer noch geeignete Angebote für Paare in der Sozialen Arbeit. Auch wenn festzustellen ist, dass die Sozialarbeiter sich tagtäglich in verschiedenen Arbeitsfeldern der Sozialen Arbeit, wie gesetzliche Betreuung, berufliche Integration, Integrationskurse, Flüchtlingsunterkünfte usw., mit dieser Personengruppe auseinandersetzen.

Die Autorin führte regelmäßig Gespräche mit ihren Mitarbeitern in einem Arbeitskontext über die Herausforderungen und Besonderheiten des Arbeitsalltags mit den Flüchtlingen. Diese Mitarbeiter fungierten als Coaches und arbeiteten direkt mit den Flüchtlingen. Oftmals waren ihre Erfahrungen und Beobachtungen im Arbeitsalltag mit den Flüchtlingen bezüglich deren Lebenssituation in Deutschland das Hauptthema der Gespräche mit der Autorin.

Einige Mitarbeiter stellten fest, dass es nach einem kurzen Aufenthalt in Deutschland zu Veränderungen in den Partnerschaften[5] der Flüchtlinge kam. Sie vermuteten, dass die rechtlichen Grundlagen die Ursache für die Veränderungen in den Beziehungen sein könnten. Einige Coaches bemerkten, dass der Umgang der Frauen mit ihren Männern sich bedingt durch die neu gewonnene wirtschaftliche

---

[5] Die Partnerschaft ist eine Gemeinschaft, die normalerweise für unbestimmte Zeit als Wohn-, Geschlechts- oder Wirtschaftsgemeinschaft angelegt wird. Sie ist aber auch als Gemeinschaft gegenseitiger Anteilnahme, Fürsorge und Liebe zu bezeichnen (vgl. Schröder/Hahlweg 2000, n. Margraf (Hrsg.), S. 337).

Unabhängigkeit veränderte. Diese Veränderungen führten bei einigen Paaren zu Schwierigkeiten und sogar zur Trennung, wie von den Coaches berichtet wurde.

Das Verlassen der Heimat und die Erfahrungen während der Flucht könnten einen Einfluss auf die Beziehung der Paare haben. Gleichzeitig wäre es durchaus möglich, dass die Rahmenbedingungen in einem Aufnahmeland wie Deutschland ihre Beziehung beeinflussen. Es könnte auch sein, dass die Beziehungen von Anfang an kritisch gewesen sind und mit der Flucht und deren Folgen die Probleme überhand genommen haben. Um herauszufinden, welche Phänomene in einem Aufnahmeland wie Deutschland einen Einfluss auf die Paarbeziehungen der Flüchtlingspaare haben, beschäftigt sich die Herausgeberin in dieser Arbeit mit diesem Thema.

Ein weiteres Ziel dieser Arbeit besteht darin, herauszufinden, ob die Soziale Arbeit spezifische Angebote für die Paare bereitstellen muss. Diese Angebote sollten ihnen dabei helfen, ihre Paarbeziehung und sozialen Beziehungen im neuen Lebensraum zu entwickeln und zu gestalten.

Um den Rahmen übersichtlich zu halten, wurde entschieden, eine bestimmte Gruppe von Flüchtlingen, nämlich "iranische Flüchtlingspaare", als Beispielgruppe genauer zu untersuchen. Diese Entscheidung wurde getroffen, da viele iranische Flüchtlingspaare bereits seit einigen Jahrzehnten in Deutschland leben. Einerseits ist bisher nur wenig Wissen über ihre Paarbeziehungen und Familienleben vorhanden, andererseits könnte durch die eingehendere Betrachtung dieser Personengruppe festgestellt werden, ob langfristige Veränderungen beobachtbar sind.

Im Iran verlieren Frauen bei einer Heirat automatisch viele ihrer Rechte, da viele Gesetze zugunsten der Männer festgelegt sind, sagen manche Fachleute.[6] Während Männer in einem Heiratsvertrag viele Freiheiten wie beispielsweise das Recht auf mehrere Frauen gleichzeitig (unter bestimmten Voraussetzungen) eingeräumt werden, verlieren Frauen aufgrund der geltenden Gesetze einige Rechte. Besonders zu den Rechten, die zugunsten der Ehemänner festgelegt sind, gehören die Entscheidung über den Wohnort der Familie, das Recht auf Arbeit (für die Ehefrau) und das Recht auf Reisen.

---

[6] Pirmoradi 2003

Wenn solche Paare als Flüchtlinge nach Deutschland kommen, werden sie mit anderen gesellschaftlichen, wirtschaftlichen und rechtlichen Bedingungen konfrontiert. In diesem Zusammenhang stellt sich die Frage, wie sie mit diesen Veränderungen umgehen. Mit anderen Worten, es geht darum zu untersuchen, inwieweit die Flucht und deren Folgen die Zweierbeziehung der Flüchtlingspaare aus dem Iran in Deutschland beeinflussen.

Im nächsten Kapitel wird der Leser zunächst mit einigen psychologischen und soziologischen Perspektiven im Zusammenhang mit Paarbeziehungen kurz vertraut gemacht, um ihn in das Thema "Partnerschaft" allgemein einzuführen. Gleichzeitig wird in diesem Kapitel auch die Besonderheit der iranischen Partnerschaftsverhältnisse kurz beleuchtet. Dabei erfährt der Leser auch Einiges über die Partnerschaften in verschiedenen Epochen im Iran.

2. Theoretischer Hintergrund

Laut Schneewind (2000, S. 97) ist eine Paarbeziehung eine Beziehung zwischen zwei Personen, die eine Lebensgemeinschaft bilden und miteinander interagieren.[7]

Virginia Satir betrachtete Paare als Architekten der Familie. Daher spielt die Qualität der Paarbeziehung und später die Qualität der Elternbeziehung eine bedeutende Rolle für das Ausmaß an Beziehungszufriedenheit und ebenso für eine mehr oder weniger gelingende Bewältigung der Alltagsanforderungen.[8]

Für ein hohes Maß an Partnerschaftszufriedenheit und Paarstabilität spielen Faktoren wie ein hohes Maß an Zusammengehörigkeitsgefühl, Anregung, geringe wechselseitige Kontrolle, soziale Kompetenz, Einfühlungsvermögen, geringe Verletzlichkeit und konstruktive Konfliktregulierung eine bedeutende Rolle.[9]

Die partnerschaftlichen Interaktionen stehen unter dem Einfluss der lebensgeschichtlichen Erfahrungen und die daraus resultierenden Erwartungen eines jeden Partners. Diese bestimmen das aktuelle Interaktionsgeschehen. Sie können sogar die potentielle Konfliktursache in der Beziehung sein.[10]

Willi differenziert die Paarbeziehungen in Beziehungssystemen, Lebensgemeinschaften und Liebschaften. Körperliche und seelische Begegnung macht eine Liebesbeziehung aus. In einer Lebensgemeinschaft haben die Paare aus seiner Sicht außerdem noch eine gemeinsame Zielperspektive vor Augen. Die Beziehung bezweckt nicht nur die Befriedigung der eigenen Bedürfnisse. Das Paar hat auch ein gemeinsames Ziel. Die Entwicklung eines Prozesses, in den beide als Ich und DU eingehen, ist das gemeinsame Ziel in dieser Form.[11]

Nave-Herz betrachtet ebenfalls die Paarbeziehungen als zwei soziale Systeme. Sie sind einmal die emotionsorientierten Partnerschaften und einmal die emotional kindorientierten Partnerschaften. Während die emotionsorientierten Partnerschaften in einer nichtehelichen Paargemeinschaft münden, heiraten meistens die emo-

---

[7] Vgl. Tabatabai 2011, S. 9
[8] Vgl. Schneewind 2009, S. 17
[9] Vgl. Schneewind 2009, S. 17
[10] Vgl. Tabatabai 2011, S. 9
[11] Vgl. Willi 1985, S. 127 und vgl. Tabatabai 2011, S. 9f.

tional kindorientierten Paare. Sie bezeichnet das Ehesystem als kindzentrierte Familie.[12]

Wie solche Aussagen deutlich zeigen, sind bislang viele Konzepte aus psychologischen und soziologischen Perspektiven entwickelt worden, um die Paarbeziehungen zu verstehen und zu analysieren. Während manche Fachleute die Partnerschaften unter dem Einfluss der modernen Zeit sehen,[13] stehen für manch andere Fachpersonen die Personen selbst im Fokus der Erklärungen.

Aus der Perspektive der Beziehungskonzepte gehen die Fachkräfte davon aus, dass alle Menschen den Wunsch nach Nähe, Geborgenheit und Rückhalt haben, welche mit Bindung verknüpft ist. Bei jedem Individuum führt ein anderes Signal zur Erweckung der Gefühle. Die Gründe dafür sind die unterschiedlichen persönlichen Erfahrungen in der Ursprungsfamilie und die späteren eigenen Beziehungen.[14]

Jede Person entwickelt im Laufe seines Lebens bestimmte Interaktionsmuster, die Auslöser der positiven und negativen Gefühle wie Nähe und Akzeptanz oder Verunsicherung und Zurückweisung sind.[15] Die in der Kindheit und Jugendzeit gemachten Erfahrungen führen zur Entwicklung eines persönlichen Arbeitsmodells im Zusammenhang mit einer engen Beziehung. Bezeichnet wird dieses Modell als Beziehungskonzept, welches durch spätere Erfahrungen ergänzt beziehungsweise verändert wird.[16] Nach diesem Konzept werden die Partnerwahl und die Erwartungen an eine Beziehung sowie die Handlungsweise der Person in der Beziehung von seinem Beziehungskonzept bestimmt.[17]

Ein anderes Konzept, wie die Lerntheorie, betrachtet das Handeln der Paare auf der behavioralen Ebene. Demnach handeln die Paare auf dieser Ebene negativ, generalisiert sich diese negative Verhaltensweise ebenso auf den anderen Ebenen. Durch die häufigen negativen Verhaltensweisen in der Interaktion mit anderen werden ebenfalls ungünstige Veränderungen auf der kognitiven, emotionalen und der physiologischen Ebenen folgen. Diese Veränderungen in den behaviora-

---

[12] Vgl. Tabatabai 2011, S. 10
[13] Vgl. Beck 2012; Beck/Beck-Gernsheim 1990 und Rahimi 2014
[14] Vgl. Rahimi 2014, S. 21
[15] Vgl. Schindler/Hahlweg/Revenstorf 2013, S. 7 n. Rahimi 2014, S. 21
[16] Vgl. Schindler/Hahlweg/Revenstorf 2013, S. 7 n. Rahimi 2014, S. 21
[17] Vgl. Schindler/Hahlweg/Revenstorf 2013, S. 7 n. Rahimi 2014, S. 21

len, kognitiven, emotionalen und physiologischen Bereiche zeigen sich dann innerhalb der Paarbeziehung.[18]

Nach der Austauschtheorie ist der Austausch von An- und Unannehmlichkeiten, Ressourcen und Fertigkeiten der Inhalt der sozialen Interaktion. In einem Interaktionsprozess versuchen die Paare, die angenehmen Erfahrungen, die als Nutzen bezeichnet werden, zu maximieren und die unangenehmen Aspekte, die als Kosten charakterisiert werden, zu minimieren. So wollen sie eine positive Gesamtbilanz erreichen.[19] Gemäß dieser Theorie evaluieren die Partner in ihrer Partnerschaft die Kosten (Untreue, störendes Verhalten, Konflikte) und den Nutzen (Liebe, körperliche Attraktivität des Partners, Geld) ihrer Beziehung. Der Vergleich kommt mit anderen attraktiven Partnerschaften auf der Grundlage des allgemeinen oder persönlichen Standards wie zum Beispiel die allgemeingültigen Normen oder die eigenen früheren Erfahrungen zustande.[20]

Beck/Beck-Gernsheim (1990) haben den Fokus auf die gesellschaftlichen Entwicklungen bei der Erklärung der Geschlechterbeziehungen gelegt. Für sie geht es in einer Paarbeziehung nicht nur um die Liebe, Ehe, Zärtlichkeit, Sexualität und Elternschaft. In Wirklichkeit ist sie ebenfalls alles andere wie Arbeit, Ungleichheit, Politik und Wirtschaft.[21] Die Geschlechtslagen und Paarbeziehungen sind nicht außerhalb der gesellschaftlichen, biografischen und kulturellen Kontexte zu betrachten, wie diverse Fachpersonen in verschiedenen Arbeiten dargestellt haben.[22] Beck/Beck-Gernsheim (1990) stellen sehr ausführlich die Auswirkungen der modernen Zeit beziehungsweise der Individualisierungsprozesse auf die Paarbeziehung dar.

Bourdieu geht in seinem Buch "Die männliche Herrschaft" davon aus, dass die Beziehungsgestaltung zwischen den Geschlechtern, ihre Rollen und Stellungen in der Partnerschaft von den bestehenden Herrschaftsverhältnissen, Institutionen, Gesetzen, Regeln, politischen Einflüssen und gesellschaftlichen Strukturen sowie den geschichtlichen und kulturellen Entwicklungen beeinflusst wird.[23] Laut ihm

---

[18] Vgl. Bodenmann 2004, S. 18 n. Rahimi 2014, S. 23
[19] Vgl. Bodenmann 2004, S. 26f. n. Rahimi 2014, S. 25
[20] Vgl. Bodenmann 2004, S. 26f. n. Rahimi 2014, S. 25f.
[21] Vgl. Beck 2012, 161 und Beck/Beck-Gernsheim 1990, S. 23 n. Rahimi 2014, S. 11
[22] Vgl. Rahimi 2014, S. 9f.; vgl. Beck 2012, S. 115; vgl. Peuckert 2012, S. 11ff. und vgl. Nave-Herz 2013, S. 43ff.
[23] Vgl. Bourdieu 2005

entwickeln die Individuen im Laufe ihres Lebens einen Habitus,[24] der bestimmte Wünsche, Zeithorizonte, Aspirationen und Umgangsweisen mit der Welt ermöglicht, während andere ausgeschlossen werden.[25]

"Habitus erzeugt Orientierungen, Haltungen und Handlungsweisen.[26] Das bedeutet, dass die Subjekte in ihrer aktuellen Situation abhängig von ihrem bisher entwickelten Habitus bestimmte Handlungsmuster/Strategien zur Bewältigung ihrer Lage vornehmen. Laut Bourdieu kann davon ausgegangen werden, dass es einen Zusammenhang zwischen der Position, die der Einzelne innerhalb eines gesellschaftlichen Raumes hat und seinem Lebensstil gibt. Gleichzeitig, wie er auch betont, ist dieser Zusammenhang keineswegs mechanisch. Diese Beziehung ist nicht direkt, sodass derjenige, der weiß, wo ein anderer steht, auch bereits dessen Geschmack kennt. Laut ihm fungiert zwischen den spezifischen Praktiken, Vorlieben, Gewohnheiten einer Person und der Position bzw. Stellung der Person innerhalb des sozialen Raumes der Habitus.[27] Habitus ist als eine allgemeine Grundhaltung, eine Disposition gegenüber der Welt, die zu systematischen Stellungnahmen führt,[28] zu betrachten – als Dispositionssystem sozialer Akteure.[29]

Es besteht eine Verbindung zwischen äußerst disparaten Dingen, zum Beispiel wie jemand spricht, lacht, liest, tanzt, was er liest, was er mag und welche Bekannten und Freunde er hat. Alle diese Handlungen sind eng miteinander verknüpft.[30] Das bedeutet also, dass jedes Individuum je nach dem verfügbaren Kapital und seiner Position im sozialen Raum einen spezifischen Habitus in seinem Leben ausgebildet hat, welcher allerdings ständig veränderbar ist. Die Aneignung

---

[24] Der Habitus ist keine angeborene sondern eine erfahrungsabhängige Konstruktion (vgl. Krais/Gebauer 2010, S. 31). Er wird im Laufe des Lebens von früher Kindheit an in der Auseinandersetzung mit der Welt, in den Interaktionen mit anderen erworben (vgl. Krais/Gebauer 2010, S. 61). Das bedeutet gemäß Bourdieu, dass der Habitus der Subjekte sich im Laufe ihres Lebens entwickelt und ändert. Die Art der Lebensführung/Lebensstil, Gestaltung von Beziehungen, Denkmuster usw. sind laut Bourdieu mit dem Habitus zu erklären (vgl. Krais/Gebauer 2010, S. 43). *„Habitus ist bei Bourdieu ein vielseitiges und der Bedeutung nach leicht variierendes Konzept. … Der Habitusbegriff soll darauf hinweisen, >>daß unserem Handeln öfter der praktische Sinn zugrunde liegt als rationale Berechnung … << (Meditationen 1997/2001, 82) … Das Habitus-Konzept >> bedeutet nichts anderes als einen Paradigmawechsel im sozialwissenschaftlichen Denken, nämlich die Abkehr von einer Vorstellung vom sozialen Handeln, die dieses als Resultat bewusster Entscheidungen bzw. als das Befolgen von Regeln begreift.<< (Krais/Gebauer 2002, S. 5) … Der Habitus ist keine allgemeine Fähigkeit der Menschen zur Teilhabe an der Sozialität (etwa im Sinne eines allgemeinen Begriffs von Sozialisation oder Enkulturation), sondern eine immer schon an eine spezifische Soziallage gebundene …* (Fuchs-Heinritz/König 2014, S. 89 + 90 und Fuchs-Heinritz/König 2014, S. 112f.).

[25] Vgl. Krais/Gebauer 2010, S. 31

[26] Vgl. Krais/Gebauer 2010, S. 43

[27] Vgl. Bourdieu 2014, S. 174ff.; vgl. Fuchs-Heinritz/König 2014, S. 48 und vgl. Interview mit Bourdieu: https://www.youtube.com/watch?v=R5hT7X2rpvc

[28] Vgl. Bourdieu 1997 n. Steinrücke (Hrsg.), S. 31

[29] Vgl. Schwingel 2005, S. 59

[30] Vgl. Bourdieu 1997 n. Steinrücke (Hrsg.), S. 32

kommt jedoch nicht bewusst zustande, da die Gewohnheiten, Denk- und Wahrnehmungsschemata unbewusst[31] verinnerlicht werden. Dadurch gibt es keinen bewussten Einfluss darauf, was die Individuen in ähnlichen Situationen mit ähnlichem Verhaltensmuster handeln lässt.[32] Aufgrund dieser verinnerlichten Denk- und Wahrnehmungsschemata bildet das Individuum einen Lebensstil, ein charakteristisches Handlungsmuster aus, das sich in allen Lebensbereichen durchzieht."[33]

Das Wissen über solche Konzepte verdeutlicht, dass soziale Beziehungen wie Paarbeziehungen aus verschiedenen Perspektiven betrachtet und verstanden werden können. An dieser Stelle erscheint es daher wichtig, die individuelle und soziale Bedeutung der Paarbeziehungen im Iran näher zu betrachten, um Paare mit iranischer Abstammung in Deutschland besser zu verstehen. Dabei ist zu beachten, dass die Paarbeziehungen im Iran unter dem Einfluss der vorislamischen Kultur, der nachislamischen Zeit und der islamischen Revolution stehen. Daher folgt nun eine kurze Darstellung der Paarbeziehungen im Iran.

---

[31] Die Betonung der Unbewusstheit – unbewusst – bezieht sich auf die Genese, die Geschichte, die vergessen wurde und ist nicht im psychoanalytischen Sinne gemeint (vgl. Schwingel 2005, S. 63).
[32] Vgl. Schwingel 2005, S. 61f.
[33] Vgl. Schwingel 2005, S. 62ff.

2.1. Iranische Partnerschaften vor dem Islam

Ein historischer Rückblick zeigt, dass viele Iraner vor sehr langer Zeit als Einwanderer in das Land Iran gekommen sind.[34] Heute leben auf einer Fläche von etwa 1.648.000 km² ungefähr 87.624.515[35] Millionen Menschen im Iran. Aufgrund der Altersstruktur wird der Iran zu einem der jüngsten Länder der Welt gezählt. Der schiitische Islam ist die offizielle Staatsreligion und die Mehrheit der Bevölkerung folgt dieser Glaubensrichtung. Zu den wichtigsten Wirtschaftszweigen zählen Landwirtschaft, Industrie und der Dienstleistungssektor. Das politische Leben wird weiterhin von islamischen Rechtsgelehrten bestimmt.[36]

Bei einer historischen Betrachtung der Beziehungen zwischen Paaren im Iran wird deutlich, dass die Geschichte des Landes aus zwei Perspektiven betrachtet werden kann - vor- und nachislamische Zeit.[37] In diesem Zusammenhang ist auch die heutige politische Führung im Iran zu berücksichtigen, die einen beträchtlichen Einfluss auf die Geschlechterbeziehungen und das Familienleben hat. Sozialwissenschaftler befassen sich daher heute mit den religiösen Aspekten gesellschaftlicher Veränderungen, die sich seit der Revolution in verschiedenen Richtungen entwickelt haben.

Die islamische Wertvorstellung als soziale Konstruktion und die daraus abgeleiteten Normvorschriften haben unter anderem Einfluss auf die Gestaltung familiärer Beziehungen, Geschlechterverhältnisse, Erziehungsfragen, Erbschaftsregeln und Eheschließungen im heutigen Iran genommen.[38] Es gibt Anzeichen dafür, dass die Familien in den letzten Jahrzehnten nach der Revolution unter Veränderungen und Belastungen gelitten haben. Beispiele hierfür sind die Zunahme von Doppelverdienerfamilien, acht Jahre Krieg zwischen Irak und Iran, ideologische Unterschiede zwischen den Familienmitgliedern, insbesondere zwischen den Generationen und Geschlechtern, sowie eine schwache Wirtschaft mit hoher Inflation.[39]

Die ersten geschichtlich basierten Überlieferungen stammen zwar aus der antiken Zeit, jedoch sind sie aufgrund ihrer Streuung für wissenschaftliche Studien nur be-

---

[34] Vgl. Naghdi 2010 n. Asian Social Science (Hrsg.), S. 198
[35] Davon sind 44 437 178 Männer und 43 187 337 Frauen, vgl. https://countrymeters.info/de/Iran, am 15.11.23 um 18.00
[36] Vgl. Hoodgarzadeh 2014, S.55
[37] Vgl. Pirmoradi 2003, S. 107 und vgl. Tabatabai 2011, S. 13
[38] Vgl. Tabatabai 2011, S. 14
[39] Vgl. Navabakhsh/Paknia 2015 n. International Journal of Social Sciences (Hrsg.), S. 11f.

grenzt verwendbar.[40] Eine aufschlussreichere Quelle bezüglich des Familienlebens im Iran ist die alte heilige Schrift Zarathustras, das "Avesta", die um 1700 vor Christus verfasst wurde.[41]

Die in der alten "Avesta" überlieferten verbindlichen Wertvorstellungen sind heute immer noch in der iranischen Gesellschaft präsent und wirksam, wenn auch etwas geschwächt im Vergleich zur antiken Zeit.[42] Die Bedeutung der vorislamischen Zeit zeigt sich zum Beispiel im heutigen Familienleben durch einige Feste und Rituale wie Noruz (das Neujahrsfest), Tscha´har-Schan´be-Souri (am Abend des letzten Dienstags im Jahr wird ein Feuer gemacht. Die Menschen springen über das Feuer und führen bestimmte Rituale aus) und Schabe-Yalda[43] (die längste Nacht des Jahres wird mit der Familie, Verwandtschaft und Freunden gefeiert. Die Menschen kommen zusammen, essen bestimmte Obstsorten und Nüsse und erzählen sich alte Geschichten).

Anhand der Informationen aus der Avesta können der zentrale Stellenwert der Familie und die Ursprünge des Rechtsspruchs über familiäre Angelegenheiten rekonstruiert werden. Bezüglich der Bedeutung der Familie schreibt Pirmoradi (2003), dass die Familie im Iran als Instanz der sozialen Identität der Individuen betrachtet werden kann. Im Iran erhält eine Person ihre Lebenskraft und Identität innerhalb der Familie.[44] Im Gegenzug gibt die Person der Familie zur Statussicherung und -verbesserung ihre Ressourcen. In der Avesta wird die Familie als "Nafa" und der Haushalt als "Maan" bezeichnet. Dort wird deutlich, dass unterschiedliche Rollenerwartungen für Frauen und Männer gelten.[45]
Diese Bestimmungen können im Iran als archetypische geschlechtsspezifische Erwartungsmuster bezeichnet werden. Die Frauen werden in der Avesta aus zwei Perspektiven betrachtet.[46] Die Frauen werden in der Avesta einerseits als Anhängerinnen Zarathustras betrachtet und andererseits als eines der beiden Geschlechter mit spezifischen Rollen und Aufgaben im Sozialleben. Im Zusammen-

---

[40] Vgl. Pirmoradi 2003, S. 108
[41] Vgl. Pirmoradi 2003, S. 108
[42] Vgl. Pirmoradi 2003, S. 108
[43] Vgl. Tabatabai 2011, S. 13
[44] Vgl. Pirmoradi 2003, S. 108f.
[45] Vgl. Pirmoradi 2003, S. 109
[46] Vgl. Pirmoradi 2003, S. 109

hang mit der Glaubensentscheidung sind die Frauen den Männern gleichgestellt. Sie sind allein ihrem persönlichen Gewissen verpflichtet.[47]

In dem Sozialleben hat die Frau spezifische Rollen. Sie wird als Tochter, Ehefrau und Mutter definiert und hat die Aufgabe, Kinder zu gebären und für das Wohlergehen des Vaters, des Ehemanns und anderer zu sorgen. Der Mann hingegen hat die soziale Pflicht, sich um den Lebensunterhalt der Frau und der Kinder zu kümmern und die Familienführung zu übernehmen. Der Mann wird als Stammhalter betrachtet und die zentralen Aufgaben werden ihm zugeteilt.[48] Die beschriebene Rollenkonstellation deutet auf eine patriarchalische Beziehungsform hin.[49] In einer patriarchalischen Gesellschaft sind die Männer in der Regel in Machtpositionen und dominieren in verschiedenen Aspekten des sozialen Lebens, einschließlich der Familie. Frauen haben in solchen Gesellschaften oft eine untergeordnete Rolle und werden in traditionelle Geschlechterrollen gedrängt, die sie auf bestimmte familiäre Pflichten beschränken können. In der Avesta wird an verschiedenen Stellen betont, dass die Fähigkeit, mindestens ein Kind zu bekommen, als eine der wichtigsten Eigenschaften einer guten Frau angesehen wird.[50]

Das verdeutlicht die große Bedeutung von Kinderreichtum in der Gesellschaft, wie es in der Avesta beschrieben wird. Kinderlosigkeit wurde demnach als Schande angesehen und kinderlose Ehepaare könnten diesen sozialen Erwartungen nicht gerecht werden. Die Adoption eines Sohnes, den sie wie ihr eigenes Kind erzogen haben, war eine Möglichkeit, diesem sozialen Druck entgegenzuwirken und die soziale Akzeptanz zu erlangen.[51] Eine ökologische Erklärung in diesem Zusammenhang könnte die chronische Wasserknappheit in diesem Land sein. Die Urbarmachung des Landes war sehr schwer und erforderte viel Energie und harte Arbeit. Aus diesem Grund haben wahrscheinlich die Jungen einen höheren Stellenwert als die Mädchen.[52] Deshalb wurden Jungen adoptiert. Allerdings kann festgestellt werden, dass die Frauen in dieser Zeitperiode durch die ihnen zugeteil-

---

[47] Vgl. Pirmoradi 2003, S. 109
[48] Vgl. Pirmoradi 2003, S. 110
[49] Vgl. Pirmoradi 2003, S. 110
[50] Vgl. Pirmoradi 2003, S. 110
[51] Vgl. Pirmoradi 2003, S. 110
[52] Vgl. Pirmoradi 2003, S. 110f.

ten Rollen und Aufgaben in der Familie ihren Einflussmöglichkeiten im familialen Leben ebenso erweitert haben.[53]

2.2. Partnerschaft im Iran nach der Islamisierung des Landes

Mit der Islamisierung des Landes kam es im Iran zu vielen Veränderungen in allen gesellschaftlichen Bereichen, einschließlich der kulturellen, sozialen und privaten Ebenen.[54]

Im Islam werden entsprechend den islamischen Idealen und ethischen Werten explizit und detailliert Verhaltensregeln für die alltäglich zu erwartenden Interaktionsmuster der Menschen vorgeschrieben. Dazu gehören auch die Gestaltung der Geschlechterverhältnisse, Vormundschaftsgesetze, Erziehungs- und Moralfragen, Erbschaftsregeln, aber auch die Wirtschaft und das Familienleben auf nationaler Ebene.

Beispielsweise finden während islamischer Feierlichkeiten in der Regel die Vermählungen statt, während in den religiösen Trauermonaten keine Hochzeiten stattfinden.[55]

Im Islam hat eine Eheschließung einen bedeutenden Stellenwert. Diese wird sogar im Quran (Vers 21 in „die Römer" Ar-Rüm)[56] ausdrücklich betont. *„...unter Seinen Zeichen ist dies, daß Er Gattinnen für euch schuf aus euch selber, auf daß ihr Frieden in ihnen fändet, und Er hat Liebe und Zärtlichkeit zwischen euch gesetzt..."*.[57]

Ebenfalls soll der Prophet (Mohammad) erzählt haben, wer heirate, habe schon die Hälfte seiner religiösen Pflichten erfüllt.[58]

Im Islam ist die Partnerwahl stark nach islamischen Wertvorstellungen – die Treue zu den moralischen und islamischen Grundprinzipien – vorgesehen. Deshalb wird

---

[53] Vgl. Pirmoradi 2003, S. 110f.

[54] Vgl. Pirmoradi 2003, S. 111

[55] Vgl. Pirmoradi 2003, S. 113

[56] Vgl. Quran, die Römer (Ar-Rüm), Vers 21, http://www.koran-auf-deutsch.de/30-die-r%C3%B6mer-ar-r%C3%BCm, 20.5.16

[57] Quran, die Römer (Ar-Rüm), Vers 21, http://www.koran-auf-deutsch.de/30-die-r%C3%B6mer-ar-r%C3%BCm, 20.5.16

[58] Vgl. Ghaemi, 1985, S. 21 n. Pirmoradi 2003, S. 114

ausdrücklich abgeraten, bei der Partnerwahl den äußeren und materiellen Kriterien wie Schönheit oder Vermögen Achtung zu schenken.[59]

Gleichartigkeit eines Paares soll sich im Islam nur auf religiöse und mentale Ähnlichkeit zwischen den Partnern und deren Herkunftsfamilien beziehen.[60]

Bei der Partnerwahl besteht im Islam für die beiden Geschlechter die persönliche Freiheit. Diese gehört zu den wichtigsten Bedingungen der Partnerwahl im Islam. Die Eltern haben nur lediglich eine beratende Rolle.[61]

Verschiedene Überlieferungen und Handlungsvorschriften machen auch deutlich, dass im Islam das normative Grundschema zur Regulierung der Beziehungen zwischen den Frauen und Männern auf einer strengen Trennung basiert. Das gilt für fast alle sozialen Lebensbereiche. Generell kann zusammenfassend gesagt werden, dass Frauen für den Haushalt und die Kindererziehung zuständig sind, während Männer die Verantwortung für die Unterhaltskosten, die Wohnung und materielle Angelegenheiten haben.[62] Gleichzeitig muss betont werden, dass diese komplementäre Rollenverteilung zwischen den Geschlechtern keine Sondereigenschaft des Islam ist. Sie kommt auch in anderen Gesellschaften mit spirituellen Mustern vor. Was jedoch speziell im Islam in diesem Umfang vorkommt, ist die Ausdehnung der Segregationskonzepte auf allen sozialen Ebenen, die eine absolute Trennung der Geschlechter mit ein paar Ausnahmesituationen beabsichtigt. Solche Ausnahmen sind zum Beispiel, wenn eine Frau bedingt durch eine Krankheit von einem männlichen Mediziner notwendigerweise zur Rettung ihres Lebens untersucht werden muss.[63]

Insgesamt kann davon ausgegangen werden, dass die gegenseitige Vermeidung fast aller Verhaltensvorschriften im Zusammenhang mit den Geschlechterbeziehungen zugrunde liegt. Der Grund ist die Annahme, dass die sexuelle Anziehungskraft zwischen den Geschlechtern unwiderstehlich ist. Diese starken Trennungsmaßnahmen werden als Schutz der Frau an diversen Stellen bezeichnet.[64]

---

[59] Vgl. Mostafavi, 1999, S. 15ff. n. Pirmoradi 2003, S. 114f.
[60] Vgl. Ghaemi, 1985 n. Pirmoradi 2003, S. 115
[61] Vgl. Ghaemi, 1985, S. 61ff. n. Pirmoradi 2003, S. 115
[62] Vgl. Ghaemi, 1985, S. 43 n. Pirmoradi 2003, S. 115
[63] Vgl. Pirmoradi 2003, S. 115f.
[64] Vgl. Mostafavi 1999 n. Pirmoradi 2003, S. 116

Im Bezug auf die gegenseitigen Pflichten der Eheleute wird im Islam für die Ehefrau die Gehorsamkeit bzw. die bestmögliche Erfüllung der Wünsche ihres Ehemanns genannt. In einer Überlieferung sagte der Prophet „Mohammad", *„wenn ich anweisen würde, wem sich der Mensch außer Gott beugen sollte, würde ich selbstverständlich empfehlen, den Männern die Frauen."*[65]

Die Gehorsamkeit der Frau gegenüber dem Mann wird im Islam als Zeichen für die Einhaltung der religiösen Vorschriften betrachtet. Dadurch werden Frauen vor Gott akzeptiert. Auf der anderen Seite sind Männer dazu aufgerufen, Frauen gut zu behandeln. *„Die besten von euch [Männer] sind diejenigen, die in erster Linie die Frauen gut behandeln und für ihren Lebensunterhalt sorgen."*[66]

Ob und inwieweit diese Idealvorstellung in der früheren Zeiten von der iranischen Gesellschaft, insbesondere von Frauen, angenommen worden ist, kann hier nicht beantwortet werden. Jedoch ist es sicher, dass die islamischen Wertvorstellungen und Verhaltensvorschriften im Zusammenhang mit der Familie das Familienleben in diesem Land bis zu den ersten Modernisierungsversuchen stark beeinflusst haben.[67]

Inwiefern die Modernisierungsprozesse Einfluss auf die Lage der Frauen und Familien hatten, kann eine nähre soziokulturelle Betrachtung zeigen, die im nächsten Schritt folgt.

2.3. Frauen- und Familienlage aus der Soziokulturellen Betrachtung in der neuen Zeit im Iran

Die ersten Modernisierungsversuche, die das Familienleben im Iran entscheidend beeinflusst haben, begannen ungefähr ab Mitte des 19. Jahrhunderts. Sie haben mit dem Beginn des 20. Jahrhunderts starke soziokulturelle Veränderungen herbeigeführt. Bis dahin haben die islamischen Wertvorstellungen und Verhaltensvorschriften die familiären Beziehungsformen beherrscht.[68]

Die ersten Bemühungen bezüglich einer Modernisierung des Landes fanden durch westlich-europäisch orientierte Intellektuelle statt, die im Ausland studierten.

---

[65] Vgl. Mostafavi 1999, S. 86 n. Pirmoradi 2003, S. 116
[66] Vgl. Mostafavi 1999, S. 82 n. Pirmoradi 2003, S. 116
[67] Vgl. Pirmoradi 2003, S. 117
[68] Vgl. Rawandi, 1992 n. Pirmoradi 2003, S. 117

Sie versuchten nach ihrer Rückkehr, die Modernisierung im Iran voranzutreiben. Diese Bemühungen führten im Jahr 1906 zu einer soziokulturell geprägten konstitutionellen Revolution im Iran. In dieser Zeitperiode wurde im iranischen Parlament eine Verfassung entwickelt, die überwiegend vom belgischen und französischen Grundgesetz beeinflusst war.[69]

Eine wichtige Folge dieser Entwicklung war die Entstehung einer weitgehend säkularen Jurisprudenz. Dadurch wurden auch neue Debatten im Zusammenhang mit der Verabschiedung neuer Familiengesetze geführt. Diese Prozesse verursachten ebenso Veränderungen und Konsequenzen für das Familienleben.[70]

In diesen Jahren kam es zur Veränderung der sozialen Stellung der Frau sowie des Bildungswesens. Im Jahr 1918 wurde eine Ausbildungsstätte für weibliche Lehrkörperschaft gegründet. Dies förderte die Berufstätigkeit der Frauen einerseits und auf der anderen Seite wurde die Ausbildung der Mädchen in einem säkularen Schulsystem gefördert.[71]

Generell kam es zu einer Verbesserung der Bildungs- und Berufsmöglichkeit der Frauen durch die Modernisierung im Iran. Die Modernisierung des Landes wurde zunächst durch die engagierte Elite und dann durch den Staat vorangetrieben. Es gab keinen kontinuierlich initiierten gesellschaftlichen Diskurs.[72]

Viele Anhänger der Modernisierung übernahmen wahllos und unreflektiert westliche Maßstäbe. Sie erhoben den Fortschritt nach westlichem Muster zum Heiligtum.[73] Diese hatten Folge für die gesamtgesellschaftliche Lage. Innerhalb der iranischen Gesellschaft kam es zu kulturellen Diskontinuitäten bzw. zur kulturellen Spaltung. Die traditionellen und modernen Positionen standen in Konkurrenz zu einander.[74] Die religiösen Bevölkerungsschichten leisteten Widerstand gegen die Modernisierungsbemühungen. Begriffe wie „Modernisierung und Tradition" stellten jeweils eine Position dar. Der Begriff „Tradition" stand als Synonym für die Rück-

---

[69] Vgl. Pirmoradi 2003, S. 117
[70] Vgl. Pirmoradi 2003, S. 117
[71] Vgl. Fathi, 1985 n. Pirmoradi 2003, S. 117f.
[72] Vgl. Pirmoradi 2003, S. 118
[73] Vgl. Pirmoradi 2003, S. 118
[74] Vgl. Pirmoradi 2003, S. 118

ständigkeit und der Begriff „Modernisierung" war das Synonym für die Verwestlichung.[75]

Gespiegelt haben sich diese konkurrierenden kulturellen Systeme in den unterschiedlichen Lebensstilen und Wertorientierungen, was ebenfalls zu sozialen Spannungsfeldern führte.[76]

Mit dem Zwangsentschleierungsplan im Jahr 1935, der für mehr Gleichberechtigung zwischen den Geschlechtern sorgen sollte, zogen sich sogar einige Frauen aus dem sozialen Leben in der Gesellschaft zurück. Denn sie fühlten sich in ihrer Identität bedroht. Bis heute führt dieser Schritt zu einer Trennung zwischen den Traditionalisten und Modernisten im Iran.[77]

Einflüsse der Modernisierungsprozesse auf die Familie zeigten sich ebenfalls mit zwei wichtigen Ereignissen im Iran. Ein Ereignis war das Wahlrecht der Frauen, das durch staatlich gelenkte Reformen im Jahr 1963 zustande kam. Das zweite bedeutende Ereignis war das Recht der Frauen, berufliche Tätigkeiten außerhalb des Hauses auszuüben. Es zeigte sich, dass die Arbeitskraft der Frauen insbesondere für die aufkommende Industrie und damit verbundenen Dienstleistungen unverzichtbar war. Die Beteiligung der Frauen am Bildungs- und Gesundheitswesen wurde bereits zuvor realisiert. Mit den neuen Veränderungen sollten die Weichen für künftige strukturelle Veränderungen bezüglich des Familienlebens gestellt werden.[78]

Die Geburtskontrolle, Maßnahmen zur Familienplanung sowie das im Jahr 1967 verabschiedete erste Familiengesetz gehörten zu den weiteren staatlichen Eingriffen, die das Familienleben beeinflussten. Als Folge dieser rechtlichen Grundlage wurde zum Beispiel das Mindestalter für Heiratswillige erhöht. Weiterhin wurde das bisher ausschließlich Männern eingeräumte Scheidungsrecht abgeschafft und den Frauen wurde das Recht auf Scheidung zuerkannt. Obwohl Polygynie immer noch möglich war, wurde sie gemäß der neuen gesetzlichen Grundlage schwer umsetzbar. Diese Veränderungen wurden von einem Teil der Bevölkerung als Befreiung der Frauen betrachtet. Während ein anderer Teil diese Erneuerungen als

---

[75] Vgl. Pirmoradi 2003, S. 119
[76] Vgl. Pirmoradi 2003, S. 119
[77] Vgl. Pirmoradi 2003, S. 119
[78] Vgl. Pirmoradi 2003, S. 119f.

koloniale Intrige ansah. Sie führten zu Spannungen zwischen den traditionell ge-bundenen Kräften und den westlich orientieren Modernisten.[79]

Im Jahr 1979 kam es zur Revolution, die eine starke Veränderung in der Gesell-schaft und im Familienleben mit sich brachte. Deshalb wird im folgenden Teil die-se Zeit gesondert dargestellt.

2.4. Partnerschafts- und Familienverhältnisse nach der islamischen Revolu-tion

Seit der islamischen Revolution, im Jahr 1979, ist die Familie von dramatischen soziokulturellen Spannungen besonders betroffen. Die religiös-politische Führung des Landes hat nach der Revolution die Verschleierung der Frauen wieder einge-führt. Ebenso wurde das zweite erweiterte Familienschutzgesetz von 1974 abge-schafft und die schiitische Rechtsinterpretation als juristische Grundlage wieder eingeführt.[80]

Die Betrachtung der Geburtenkontrolle und Verhüttungsmittel als westliche Intrige führte in dem ersten Jahrzehnt nach der Revolution zu einem erheblichen Zu-wachs der Bevölkerung im Iran, was zunächst von der Regierung aufgrund des Iran-Irak-Krieges positiv aufgenommen wurde. Allerdings wurde die Bevölke-rungszunahme später, als sie stark wurde, durch diverse Maßnahmen gebremst.[81]

Die nach der Revolution durch die politische Führung eingeleiteten radikalen Um-kehrmaßnahmen haben bezweckt, die indigene Lebensweise der Iraner ohne Be-rücksichtigung der mittlerweile stattgefundenen sozialen Transformationen wie-derherzustellen.[82]

Weil viele Frauen, insbesondere im städtischen Milieu, sich mit diesen neuen Ent-wicklungen nicht identifizieren konnten, entstanden in der Zeit viele feministische Bewegungen im Iran. Sie beabsichtigten die Verbesserung der juristischen Positi-on der Frau im Scheidungs- und Vormundschaftsrecht. Auch die Auswanderung vieler westlich orientierten Menschen aus den mittleren und erhobenen Schichten

---

[79] Vgl. Pirmoradi 2003, S. 120
[80] Vgl. Schirazi 2009, S. 215 f.; vgl. Mohaqeq Damad 1993; vgl. Pirmoradi 2003, S. 120f.
[81] Vgl. Pirmoradi 2003, S. 120f.
[82] Vgl. Pinn/Wehner 1995

führte dazu, dass seit der Revolution viele Familien auseinandergerissen wurden. Dadurch wurden auch die Familienverhältnisse beeinflusst. Einerseits entstanden durch die Migration zeitliche und räumliche Distanzen zwischen den Familienmitgliedern und andererseits führte die Auswanderung zur intensiven Berührung mit westlichen Wertvorstellungen und Lebensstilen, die ebenfalls Veränderungen bei den iranischen Familien verursacht haben.[83]

Insgesamt kann trotzdem nicht nur von einer defizitären Lage der Frauen nach der Revolution im Iran gesprochen werden. Diese kann vor allem durch Faktoren wie den Einstieg weiblicher Studierender nach der Revolution im Iran beobachtet werden. In manchen Fachbereichen liegt der Anteil der Frauen sogar über 50%.[84] Die iranische Anthropologin Ziba Mir-Hosseini (1993) betont, dass die iranischen Frauen im Vergleich zu den im säkularen Rechtssystem von Marokko beispielsweise trotz allem eine stärkere legale und soziale Protektion genießen. Als ein wichtiges Indiz nennt sie die exklusiven materiellen Vorteile der Frauen im Iran wie zum Beispiel der Brautpreis, die unwiderrufbare Pflicht der Männer „für den Lebensunterhalt der Kinder aufzukommen" oder die finanzielle Vergütung der Frauen für die verrichtete Hausarbeit.[85]

Zusammenfassend hat der Prozess des sozialen Wandels im Iran nach der Revolution für Frauen nicht nur Einschränkungen ihrer Rechte mit sich gebracht.[86] Trotzdem, wenn das Familienrecht genauer betrachtet wird, ist eine erhebliche Ungleichheit zwischen Frauen und Männern zum Nachteil der Frauen festzustellen.[87]

Nach dieser kurzen Zusammenfassung der theoretischen Konzepte im Zusammenhang mit Partnerschaft sowie die geschichtliche Betrachtung von Partnerschaft und Familie im Iran soll der nächste Abschnitt die Iraner in Deutschland in den Fokus nehmen. Dadurch soll ein allgemeiner Überblick über diese Zielgruppe in Deutschland geschaffen werden.

---

[83] Vgl. Pirmoradi 2003, S. 121
[84] Vgl. Pirmoradi 2003, S. 121ff.
[85] Vgl. Pirmoradi 2003, S. 123
[86] Vgl. Pirmoradi 2003, S. 123
[87] Vgl. Mohaqeq Damad 1993

3. Flüchtlinge aus dem Iran in Deutschland

83.103 Millionen Menschen lebten laut statistischem Bundesamt, Stand April 2023, zum Ende des Jahres 2022 in Deutschland. Davon waren 59.278 Millionen Deutsche ohne Migrationshintergrund[88] und 23.825 Millionen Menschen mit Migrationshintergrund, im weiteren und engeren Sinn.[89]

Eine Gruppe unter den Menschen mit Migrationshintergrund sind Flüchtlinge, zu denen Asylbewerber,[90] Asylberechtigte, Geduldete, Bürgerkriegsflüchtlinge, Heimatlose, Kontingentflüchtlinge und gleichgestellte Personen zählen.[91] Nach ihrer Ankunft im Aufnahmeland müssen Flüchtlinge Asylanträge stellen.

Schätzungen zufolge gab es 2019 weltweit 3,1 Millionen iranische Migranten. Die Zielländer der Iraner waren USA (32%), Kanada (14%), Deutschland (11%), das Vereinigte Königreich (6%), Schweden (5%) und die Türkei (5%).[92]

Laut Mikrozensus 2021 lebten 272.000 Menschen mit iranischem Migrationshintergrund in Deutschland. Davon hatten 138.000 in dem Jahr die deutsche Staatsangehörigkeit.[93]

Im Jahr 2022 wurden insgesamt 252.422 Asylanträge in Deutschland gestellt. 3,1 Prozent der Asylanträge sind in dem Jahr durch die Iraner gestellt worden.[94]

Trotz der schwierigen Einreisemöglichkeiten für Iraner in die Bundesrepublik Deutschland erreichen regelmäßig einige Personen mit iranischem Hintergrund das Land. Nach ihrer Ankunft in Deutschland stellen diese Personen, wie die meisten Flüchtlinge, in der Regel Asylanträge, um ein Bleiberecht zu bekommen.[95]

---

[88] Zu den Menschen mit Migrationshintergrund (im weiteren Sinn) zählen "*alle nach 1949 auf das heutige Gebiet der Bundesrepublik Deutschland Zugewanderten, sowie alle in Deutschland geborenen Ausländer und alle in Deutschland als Deutsche Geborenen mit zumindest einem zugewanderten oder als Ausländer in Deutschland geborenen Elternteil*"(Statistisches Bundesamt 2010,S. 6).

[89] Vgl. Statistisches Bundesamt 2023, Bevölkerung in Privathaushalten nach Migrationshintergrund, 6.12.23, um 18:42

[90] Das Wort „Asyl" stammt aus dem griechischen Wort „Asylos" und bedeutet Zufluchtsstätte (vgl. Tiedemann 2015, S. 1; Asylbewerber sind die Flüchtlinge, die einen Asylantrag gestellt haben und sich immer noch im Asylverfahren befinden [vgl. Paschen 2013 n. Volksbund Deutsche Kriegsgräberfürsorge e.V. (Hrsg.), S. 7].

[91] Mehr zu diesen Personengruppen siehe Tiedemann 2015, S. 17ff.

[92] Vgl. Azadi, Pooya / Mirramezani, Matin / Mesgaran, Mohsen: Migration and Brain Drain from Iran, Working Paper 9, Stanford Iran 2040 Project, Stanford University, 2020, S. 8-9, online abrufbar unter: https://iranianstudies.stanford.edu/iran-2040-project/publications/migration-and-brain-drain-iran n. Deutscher Bundestag 2022, Dokumentation, WD 1 - 3000 - 031/22, S.4

[93] Vgl. ebenda

[94] Vgl Bundesamt für Migration und Flüchtlinge (Hrsg.) 2023, S. 7

[95] Vgl. Hoodgarzadeh 2014, S.56 und Hashemi/Adineh 1998

Es gibt verschiedene Gründe für die Flucht aus dem Iran, die im nächsten Schritt zusammenfassend erläutert werden.

3.1. Gründe der Flucht aus dem Iran in der neuen Zeit

Viele Menschen haben aus politischen, ökonomischen und religiösen Gründen das Land seit 1979 verlassen. Nach der Revolution sahen einige Kräfte in den Regierungsmitglieder Folgendes: *„Anstatt den gesellschaftlichen und technischen Fortschritt anzuerkennen und einen Islam zu entwickeln, der mit dem modernen Menschenrechtsverständnis und mit den modernen Wissenschaften in Einklang zu bringen war, hielten sie im Großen und Ganzen an ihren traditionellen Lehrmeinungen fest".*[96] Diese Politik führte zu einer massenhaften Auswanderung aus dem Iran. Allerdings gab es schon vor der Zeit des letzten Königs und seines Vaters (Reza Shah) im Allgemeinen Auswanderungen aus dem Iran. Insgesamt lässt sich die Auswanderung aus dem Iran in drei Perioden einteilen.

a) In der Qajar-Zeit wurden Studenten nach Frankreich geschickt, mit der Absicht, später wieder zurückzukehren. Zusätzlich zogen Arbeitskräfte nach Tiflis und Baku und es gab eine Zuwanderung von Intelektuellen nach Dehli, Istanbul und Kairo.

b) Die Auswanderung vor der islamischen Revolution.

c) Die Auswanderung der Iraner aufgrund der neuen Regierung nach 1979.[97]

Nach 1979 flohen einige Männer aufgrund des Krieges zwischen dem Iran und Irak ins Ausland. Auch verließen einige Männer das Land aufgrund ihrer sexuellen Orientierung.[98] Ein Grund für die Flucht einiger iranischer Flüchtlingsfrauen war die rechtliche Lage der Frauen im Iran.[99]

Die iranische Exiltradition nach Deutschland lässt sich jedoch bis ins 19. Jahrhundert zurückverfolgen. Insbesondere wirtschaftliche und politische Beweggründe waren ausschlagegebend für die Einwanderung iranischer Bürger nach Deutschland.[100] Es ist festzustellen, dass die Anzahl der Iraner in Deutschland nach der Revolution um das Fünffache gestiegen ist. Hashemi und Adineh (1998) schrei-

---

[96] Vgl. Karasek/Merbold 2006, S. 215 n. Hoodgarzade 2014, S. 48
[97] Vgl. Naghdi 2010 n. Asian Social Science (Hrsg.), S. 198
[98] Vgl. Thielen 2009
[99] Vgl. Agha 1997, S. 56-72
[100] Vgl. Shenavari 2009, S. 116 n. Hoodgarzade 2014, S.58

ben, dass nach der Revolution *„[…] 3 bis 5 Millionen IranerInnen wegen politischer Verfolgung und aus Angst vor Repressalien und Diskriminierungen ihre Heimat verlassen haben. Ein Teil dieser Flüchtlinge kam nach Europa, u.a. auch in die Bundesrepublik, wo die größte iranische Flüchtlingsgruppe im europäischen Vergleich lebt“.*[101]

Hoodgarzadeh (2014) zitiert Jannat (2005) und Hashemi/Adineh (1998) in Bezug auf die aus dem Iran nach Deutschland geflüchteten Personengruppen. Diese gehören oft zu ethnischen Minderheiten oder waren Befürworter der Monarchie. Diejenigen, die den Schah unterstützen, waren häufig Fachkräfte und Funktionäre aus den Bereichen Politik, Wirtschaft, Technik, Verwaltung und vor allem Militär. Ebenfalls kamen Personen aus mittleren Positionen der Streitkräfte und den Sicherheitsorganen, die sich aufgrund ihres Engagements während der Revolution um ihr Leben sorgten. Linksorientierte Menschen und Mitglieder anderer politischer Parteien bildeten eine weitere Gruppe, die aus dem Iran nach Deutschland kam. Während des Iran-Irak-Krieges wurden Kinder und andere für Mienenräumungsarbeiten eingesetzt, weshalb einige Eltern ihre Kinder allein ins Ausland, auch nach Deutschland, schickten. Daher gehören auch Kinder zu denjenigen, die aus dem Iran nach Deutschland kamen. Zudem können Frauen zu den iranischstämmigen Flüchtlingen gezählt werden, die aufgrund verschiedener Gründe, wie politischer Aktivitäten oder Zugehörigkeit zu Minderheiten, ihr Leben im Iran bedroht sahen.[102]

Es gibt auch andere Gruppen iranischstämmiger Menschen in Deutschland, die seit vielen Jahrzehnten hier leben oder neu nach Deutschland eingereist sind.[103] Diese werden jedoch an dieser Stelle nicht näher behandelt, weil sie nicht zur Untersuchungsgruppe gehören.

Viele Flüchtlinge haben traumatische Erfahrungen gemacht und müssen lernen, trotz allem in ihrem Aufnahmeland mit den vorhandenen Bedingungen im Aufnahmeland zurechtzukommen.[104] Der erste Schritt ist für sie, den Asylantrag in

---

[101] Vgl. Hoodgarzadeh 2014, S.55ff.
[102] Vgl. Hoodgarzadeh 2014, S.59f.
[103] Vgl. Hoodgarzadeh 2014
[104] Vgl. https://www.uno-fluechtlingshilfe.de/hilfe-weltweit/hilfe-in-deutschland/, am 06.04.2021

Deutschland zu stellen. Nachdem sie ihren Asylantrag gestellt haben, werden die meisten Flüchtlinge in Asylbewerberunterkünften untergebracht.[105]

Hoodgarzadeh (2014), die sich in ihrer Dissertation mit iranischen Flüchtlingen und den Bildungswegen der nächsten Generation beschäftigte, konnte wie auch Jannat (2005) feststellen, dass die Lage der Flüchtlinge in dieser Zeit psychische Belastungen für die Betroffenen mit sich bringt. Ein iranischer Interviewpartner beschreibt beispielsweise, dass seine Familie in einem solchen Wohnheim untergekommen war. Seine schwangere Ehefrau bekam nicht die notwendige medizinische Versorgung und Verpflegung.[106]

Auch Jannat (2005) betont in seiner Untersuchung, dass die Sammelunterkünfte oft unsauber und unhygienisch waren, die Räume sehr klein waren und die Heizungs- und Sanitäranlagen sich in miserablem Zustand befanden.[107]

Aufgrund der ghettoähnlichen Situation hatten die Bewohner kaum Kontaktmöglichkeiten zu ihren Nachbarn. Der Besuch von Verwandtschaften war nicht gestattet und die Asylbewerber durften die zugewiesene Gemeinde nicht verlassen. In den meisten Fällen waren die Bewohner nicht in der Lage, ihr eigenes Essen zuzubereiten. Aufgrund der schwierigen Umstände hatten die Bewohner oft keinen Appetit auf das servierte Essen. Die sanitären Einrichtungen, insbesondere Toiletten und Duschen, waren unzureichend. Manchmal mussten Ehepaare sich ein Zimmer mit anderen teilen. Sowohl alleinstehende als auch verheiratete Frauen mussten aus Angst vor sexuellen Übergriffen besonders auf ihr Verhalten in diesen Unterkünften achten.[108]

---

[105] Vgl. Jannat 2005, S. 250f. und Hoodgarzadeh 2014, S.62
[106] Vgl. Hoodgarzadeh 2014, S. 62
[107] Vgl. Jannat 2005, S. 250f.
[108] Vgl. Jannat 2005, S. 244, 249ff.

3.2. Behördliche Aufnahme- und Anerkennungspraxis

Generell sind Konflikte, brutale Gewalt, Armut, Krieg, politische, religiöse sowie sexuelle Orientierung und andere existentielle Nöte für die jährlichen Verfolgungen und Fluchtbewegungen verantwortlich.[109] Mit dem Beginn des 21. Jahrhunderts nehmen die Flüchtlingsströme nicht ab. Täglich riskieren immer mehr Menschen ihr Leben auf der Suche nach einem besseren und sicheren Leben. Ihre Anzahl steigt weiterhin kontinuierlich an.[110]

Selbst die jüngsten Konflikte zwischen Russland und der Ukraine sowie Israel im palästinensischen Gebiet dient als Beispiel dafür. Im Jahr 2015 waren beispielsweise 65,3 Millionen Menschen auf der Flucht,[111] während 89,3 Millionen Personen im Jahr 2021 auf der Flucht waren. Im Jahr 2022 waren sogar laut UNO-Flüchtlingshochkommissariat (UNHCR)[112] weltweit 100 Millionen Menschen auf der Flucht.[113] Die Mehrheit der Flüchtlinge (83%) befindet sich in Ländern mit geringem oder mittlerem Einkommen.[114]

Die meisten Flüchtlinge stammen aus Ländern mit muslimischer Prägung, in denen die Menschen regelmäßig von Gewalt und Verfolgung bedroht sind. Die meisten Flüchtlinge kamen Ende 2021, vor Ausbruch der Ukraine-Flüchtlingskrise, aus den Ländern Syrien (6,8 Millionen), Venezuela (4,6 Millionen), Afghanistan (2,7 Millionen), Südsudan (2,4 Millionen) und Myanmar (1,2 Millionen).[115] Wie auch in den Jahren danach fanden die meisten Flüchtlinge Zuflucht in den angrenzenden Ländern,[116] doch es kamen auch viele von ihnen nach Europa und somit auch nach Deutschland.[117] 40 Prozent der Asylbewerber stammen beispielsweise im Jahr 2011 aus dem Iran, dem Irak, Afghanistan und Syrien.[118]

---

[109] Vgl. Pro Asyl 2015, http://www.proasyl.de/de/themen/zahlen-und-fakten/, 18.01.2015

[110] Vgl. Gag/Voges (Hrsg.) 2014 und Marschke 2014 n. Marschke/Brinkmann (Hrsg.)

[111] Vgl. The United Nations Refugee Agency 2023, https://www.unhcr.org/dach/de/6483-flucht-und-vertreibung-2015-drastisch-gestiegen.html, 18.11.2023

[112] UNHCR ist die Abkürzung für United Nations High Commissioner for Refugees.

[113] Vgl. Vienna, Flüchtlingszahlen 2022, https://www.vienna.at/fluechtlingszahlen-rekord-weltweit-verdoppelung-in-zehn-jahren/7486441, 18.8.22

[114] eben da

[115] eben da

[116] Vgl. UNO-Flüchtlingshilfe 2014, https://www.uno-fluechtlingshilfe.de/fluechtlinge/zahlen-fakten.html, 13.10.2014

[117] Vgl. Vienna, Flüchtlingszahlen 2022, https://www.vienna.at/fluechtlingszahlen-rekord-weltweit-verdoppelung-in-zehn-jahren/7486441, 18.8.22

[118] Vgl. Bulitta 2013 n. Volksbund Deutsche Kriegsgräberfürsorge e.V. (Hrsg.), S. 40

Im Jahr 2005 stellten 929 iranische Staatsangehörige Asylanträge.[119] 2006 wurden von insgesamt 30.100 Asylanträgen 1.399 Asylanträge (Erst- und Folgeanträge) von Iranern gestellt. Im Jahr 2013 gab es 4.424 Asylanträge von Iranern.[120] Insgesamt wurden im Jahr 2014 47.6649 Asylanträge eingereicht, davon waren 5.732 von Iranern.[121] Im Jahr 2019 lebten 1,1 Millionen Flüchtlinge und Schutzsuchende in Deutschland.[122] Zwischen Januar 2020 und August 2020 wurden die meisten Erstanträge von Flüchtlingen aus Syrien gestellt. Gleichzeitig gab es 2.220 Erstanträge von Iranern. Dies entsprach 3,5% der Gesamtanzahl der Erstanträge in diesem Zeitraum.[123] Bis Oktober 2023 wurden in dem Jahr 8.225 Erstasylanträge von Iranern in Deutschland gestellt, obwohl nicht viele Menschen aus dem Iran ausreisen können.[124]

Über die Jahre hinweg ist die Anzahl der Asylanträge[125] in Deutschland kontinuierlich gestiegen. Bis zum 09. November 2023 beliefen sich in diesem Jahr die Asylanträge bereits auf 286.638 in Deutschland.[126] Im ersten Halbjahr 2023 gab es mehr als 500.000 Asylanträge in der EU, der Schweiz und Norwegen. Laut Statista wurden insgesamt 1.049.020 Asylanträge in den EU-Mitgliedstaaten gestellt. Davon waren in diesem Jahr schließlich 329.035 Anträge in Deutschland gestellt worden.[127]

Die Flüchtlinge haben einen unterschiedlichen Aufenthaltsstatus nach der Bearbeitung ihrer gestellten Anträge in Deutschland. In Deutschland gibt es sechs verschiedene flüchtlingsrechtliche Status und Positionen.

Erstens gibt es den Status des Asylberechtigten gemäß Artikels 16a des Grundgesetzes (§ 2 AsylVfG).

---

[119] Vgl. Bundesamt für Migration und Flüchtlinge (Hrsg.) 2015, S. 17

[120] Vgl. Bundesamt für Migration und Flüchtlinge (Hrsg.) 2015, S. 17

[121] Vgl. Bundesamt für Migration und Flüchtlinge (Hrsg.) 2014, Worbs, Bund, Böhm eben da, S. 31

[122] Vgl. UNO-Flüchtlingshilfe 2021, https://www.uno-fluechtlingshilfe.de/hilfe-weltweit/hilfe-in-deutschland/, am 06.04.2021

[123] Ebenda, am 06.04.2021

[124] Vgl. Statista 2023, https://de.statista.com/statistik/daten/studie/76095/umfrage/asylantraege-insgesamt-in-deutschland-seit-1995/, am 15.11.2023

[125] Vgl. Bundesamt für Migration und Flüchtlinge (Hrsg.) 2014, S. 4

[126] Vgl. Statista 2023, https://de.statista.com/statistik/daten/studie/76095/umfrage/asylantraege-insgesamt-in-deutschland-seit-1995/, am 15.11.2023

[127] Vgl https://de.statista.com/statistik/daten/studie/459422/umfrage/asylbewerber-in-den-laendern-der-eu/, Stand 22.10.2024

Zweitens gibt es den Status des Flüchtlings gemäß des Abkommens über die Rechtsstellung der Flüchtlinge von 1951, der Genfer Flüchtlingskonvention (§ 3 AsylVfG).

Drittens gibt es den Status des subsidiär Schutzberechtigten im Sinne des § 60 Abs. 2 Aufenthaltsgesetes (§ 4 AsylVfG).

Viertens gibt es den Status von Familienangehörigen von Asylberechtigten (§ 26 Abs. 1–4 AsylVfG), Flüchtlingen und subsidiär Schutzberechtigten (§ 26 Abs. 5 AsylVfG).

Fünftens existiert die Position des Abschiebungsschutzberechtigten gemäß den Bestimmungen der Europäischen Menschenrechtskonvention von 1950, kurz EMRK (§ 60 Abs. 5 AufenthG).

Sechstens ist die Position des Abschiebungsschutzbegünstigten gemäß § 60 Abs. 7 Satz 1 des Aufenthaltsgesetzes vorgesehen.[128]

Nach Artikel 16a des Grundgesetzes (GG) hat grundsätzlich jeder Mensch, der in seinem Heimatland politisch verfolgt wurde oder bei seiner Rückkehr eine Verfolgung befürchtet, Anspruch auf Asyl in der Bundesrepublik Deutschland.[129]

Ein ähnliches Recht war bereits im Grundgesetz von 1949 in Artikel 16 II S.2 GG verankehrt, der lautete: *„politisch Verfolgte genießen Asylrecht"*. Dieses Recht entstand als Konsequenz aus den Erfahrungen während des Dritten Reiches. In dieser Zeit konnten rassistisch und politisch verfolgte Deutsche keinen Schutz finden. Aus diesem Grund sollte Deutschland Menschen in ähnlichen Lagen nun in Deutschland Schutz gewähren (Pieroth, § 24 Rn. 961).[130]

Gemäß der Definition ist politisch verfolgt, wer *„wegen seiner Rasse, Religion, Nationalität, Zugehörigkeit zu einer sozialen Gruppe oder wegen seiner politischen Überzeugung Verfolgungsmaßnahmen mit Gefahr für Leib oder Leben oder Beschränkungen seiner persönlichen Freiheit ausgesetzt ist oder solche Verfol-*

---

[128] Vgl. Tiedemann 2015, S. 27

[129] Vgl. Gesetze im Internet 2021, https://www.gesetze-im-internet.de/gg/art_16a.html, 08.04.2021

[130] Vgl. Online-Zeitschrift für Jurastudium Staatsexamen und Referendariat 2021, http://www.juraexamen.info/ueberblick-ueber-das-asylrecht-art-16a-gg/, 08.04.2021

gungsmaßnahmen begründet befürchtet", BVerfGE 67, 184; *v. Arnauld in v. Münch/Kunig*, GGK I, 6. Aufl. 2012, Art. 16a Rn. 13.[131]

Der Begriff der Verfolgung muss in diesem Zusammenhang eng ausgelegt werden (*Mannsen,* § 30, Rn. 737). Verfolgung bezeichnet die *„Beeinträchtigung von Rechtsgütern, die den betroffenen in eine ausweglose Lage bringt"* (BVerfGE 74, 51). Dabei ist zu beachten, dass nicht jeder Eingriff in die Rechte der Bürger ausreicht, der nach deutscher Rechtslage verfassungswidrig wäre. Vielmehr muss auch die Menschenwürde beeinträchtigt sein (*Mannsen,* § 30, Rn. 737; *Pieroth/Schlink,* § 24, 927; BVerfGE 54, 341; 76, 143; 80, 321).[132]

Die Entscheidungen über diese Anträge werden im Rahmen des Asylverfahrens auf unterschiedliche Weise getroffen. Von den insgesamt im Jahr 2020 gestellten Anträgen (45.071) wurden 37.818 Anträge nach §3 Abs. 1 des Asylgesetzes und Artikel 16a des Grundgesetzes als Flüchtlinge anerkannt. In 18.950 Fällen wurde subsidiärer Schutz gemäß §4 Abs. 1 des Asylgesetzes gewährt. In 5.702 Fällen wurde ein Abschiebungsverbot gemäß § 60 Abs. 5 oder 7 des Aufenthaltsgesetzes ausgesprochen. 46.586 Fälle wurden abgelehnt und in 936015 Fällen wurden formelle Entscheidungen getroffen.[133]

Von dem im Jahr 2020 oben genannten Asylanträgen waren 4.009 Asylanträge von den Iranern gestellt. Davon waren 3.120 Erstanträge und 889 Folgeanträge. Gleichzeitig wurden im selben Jahr 7.917 Anträge von Iranern entschieden, wobei einige Fälle aus früheren Jahren stammen. Von den insgesamt entschiedenen Anträgen wurden 1.564 Fälle als Flüchtlinge gemäß § 3 Abs. 1 des Asylgesetzes und Artikel 16a des Grundgesetzes anerkannt. In 172 Fällen wurde subsidiärer Schutz nach § 4 Abs. 1 des Asylgesetzes gewährt. In 64 Fällen wurde ein Abschiebeverbot gemäß § 60 Abs. 5 oder 7 des Aufenthaltsgesetzes festgelegt. 4.650 Anträge wurden abgelehnt und formelle Entscheidungen wurden in 1.467 Fällen getroffen.[134]

Oft müssen Flüchtlinge sehr lange auf die Entscheidungen bezüglich ihrer Asylanträge warten. Sie leben in dieser unsicheren Zeit mit rechtlichen Einschränkungen,

---

[131] ebenda
[132] ebenda
[133] Vgl. Bundesamt für Migration und Flüchtlinge (Hrsg.) 2020, S.11
[134] Vgl. Ebenda, S. 3

die es ihnen schwer machen, ein normales Leben zu führen.[135] Viele Aufnahmeländer wie Deutschland schränken die Rechte der Betroffenen stark ein,[136] da sie erst nachweisen müssen, dass ihr Leben in ihrer Heimat tatsächlich in Gefahr war. Häufig werden ihre Lebensgeschichten als unglaubwürdig eingestuft, weshalb ihre Anträge auf Asyl abgelehnt werden.[137] Eine Ablehnung des Asylantrages bedeutet jedoch nicht zwangsläufig, dass diese Person oder diese Familie das Land sofort verlassen muss. Viele von ihnen leben trotz der Ablehnung seit Jahrzehnten in Deutschland, wobei ihr Aufenthalt geduldet wird.[138] In solchen Fällen müssen die Betroffenen im Alltag mit zahlreichen Einschränkungen rechnen. Flüchtlinge und Asylsuchende leiden daher in ihrem Alltag je nach ihrem Aufenthaltsstatus unterschiedlich stark unter gesetzlichen Restriktionen, sozialen und institutionellen Diskriminierungen sowie Alltagsrassismus. Dies geschieht auch aufgrund möglicher wiederholter traumatischer Erfahrungen in ihrem Leben und ihrer prekären Lebenssituation im Aufnahmeland Deutschland.[139]

Die Gruppe der Flüchtlinge, wie oben erwähnt, ist keine homogene Gruppe. Ein Teil von ihnen ist im Aufnahmeland integriert, während ein anderer Teil ausgeschlossen, benachteiligt und auf Unterstützung angewiesen ist.[140] Die hochkomplexe Rechtslage in der deutschen Gesetzgebung führt zu ungleichen gesellschaftlichen Teilhabemöglichkeiten für sie.[141] Letztere Gruppe lebt seit Jahrzehnten am Rande der Gesellschaft in Deutschland und ist stark auf Unterstützungssysteme angewiesen.[142]

Wie aus den obigen Erläuterungen ersichtlich ist, werden in Deutschland nur diejenigen Personen als Asylberechtigte anerkannt, die aus politischen Gründen verfolgt wurden. Personen, die jedoch aus wirtschaftlichen oder anderen Motiven nach Deutschland kommen, bekommen keine Anerkennung. Dabei könnte sicherlich vermutet werden, dass außenpolitische und wirtschaftliche Interessen des Landes eine Rolle bei den Entscheidungen über die Asylanträge und Ausgestaltung der gesetzlichen Grundlagen spielen. Ebenso ist davon auszugehen, dass

---

[135] Vgl. Pro Asyl 2015, http://www.proasyl.de/de/themen/zahlen-und-fakten/, 18.01.2015
[136] Vgl. UNO-Flüchtlingshilfe 2014, http://www.uno-fluechtlingshilfe.de/fluechtlinge/zahlen-fakten.html, 13.10.2014
[137] Vgl. Grunert 2008, S. 7
[138] Vgl. Tiedemann 2015, S. 10ff. Mehr zum Thema Asyl und Asylrecht siehe bitte Tiedemann 2015.
[139] Vgl. Seukwa 2014 n. Gag/Voges (Hrsg.), S.53
[140] Vgl. Schroeder 2014 n. Gag/Voges (Hrsg.), S. 17
[141] Gag/Voges 2014 n. Gag/Voges (Hrsg.), S. 9
[142] Gag/Voges 2014 n. Gag/Voges (Hrsg.), S. 9

die innenpolitischen Machtkämpfe der Parteien und deren politische Ziele Einfluss auf die Stimmung in der Gesellschaft sowie auf die Gestaltung der rechtlichen Grundlagen in diesem Zusammenhang haben. Jedoch stehen diese Aspekte in der vorliegenden Arbeit nicht im Mittelpunkt und daher wird es diese Thematik an dieser Stelle nicht näher behandelt.

Nach dieser kurzen Zusammenfassung der behördlichen Praxis im Umgang mit Flüchtlingsanträgen folgt nun eine Darstellung der methodischen Vorgehensweise in diesem Projekt.

4. Methodische Vorgehensweise

Diese Untersuchung ist eine empirische Sozialforschung.[143] Der Gegenstand der empirischen Sozialforschung bestimmt in einer Untersuchung die Forschungsmethode.[144] In diesem Vorhaben lag der Fokus auf dem Verständnis des Denkens und Handelns der untersuchten Adressaten.[145] Aus diesem Grund wurde diese Untersuchung mit Hilfe einer biographieorientierten rekonstruktiven Forschungsmethode durchgeführt. Die biographieorientierte Forschung insbesondere diejenige, die sich auf die relevanten Fragen und Perspektiven des Praxisfeldes konzentriert, ermöglicht die Erkundung der subjektiven Erfahrungen und Denkweisen der betroffenen Personen. Rekonstruktive Sozialforschung kann dazu beitragen, soziale Probleme stärker in den Fokus zu rücken und Diskussionen anzuregen, sowohl auf politischer Ebene als auch in der Gesellschaft.

Bei wissenschaftlicher biographischer Forschung steht oft die Biographie im Mittelpunkt, wobei autobiographische Geschichten häufig als Grundlage der Arbeit dienen.[146]

Mit dieser Interviewmethode können am besten die Lebensgeschichten und die in den biographischen Verlauf eingebetteten Entscheidungsprozesse erfasst werden.[147] Um die relevanten Themen im Rahmen der Forschungsfrage nicht zu übersehen, wurde die Möglichkeit zur Nachfrage während des Interviews genutzt.

Für die Analyse des gesammelten Datenmaterials wurde beschlossen, die erhobenen Informationen mit Hilfe der Grounded-Theory-Methode und der Software MAXQDA zu analysieren. An dieser Stelle wird nicht weiter auf die Datenerhebung und die Auswertung der Daten eingegangen, da diesen Aspekten später mehr Aufmerksamkeit geschenkt wird.

Im nächsten Schritt wird der aktuelle Forschungsstand erläutert.

---

[143] Mehr dazu siehe Schaffer 2009, Lamnek 2010 etc.
[144] Vgl. Lamnek 2010, S. 277
[145] „Adressat: Diese Bezeichnung ist aus dem Postverkehr bekannt. Man adressiert einen Brief, eine Paketsendung, eine Mitteilung an eine andere Person oder Organisation und bedient sich dabei eines vermittelnden Mediums, traditioneller Weise der Post. Die Bezeichnung ‚Adressat' ist durch sozialwissenschaftliche Forschungsarbeiten zu Jugendhilfe/Sozialer Arbeit in den fachlichen Diskurs eingeführt worden. Adressatenforschung beansprucht eine Position außerhalb der Relation, professionelle Hilfeleistung – Hilfeempfänger und konzipiert soziale Hilfen als Dienstleistung, die sich zwischen Profession (= Soziale Arbeit), Organisation (= Träger) und Adressaten realisiert"(Großmaß 2011 n. Weindl 2014, S. 8).
[146] Vgl. Griese/Griesehop 2007, S. 8
[147] Vgl. Küsters 2009, S. 43f.

4.1. Aktueller Forschungsstand über die Flüchtlingspaare aus dem Iran

Die Suche nach wissenschaftlichen Arbeiten im Zusammenhang mit der Paarbeziehung von Flüchtlingen, insbesondere der Iraner, in Deutschland war sehr kompliziert, da keine direkte Arbeit zu diesem Thema gefunden werden konnte. Es gibt jedoch Abschnitte in einigen Arbeiten, die Informationen zu dieser Zielgruppe liefern. Hier sind beispielsweise einige gefundene Fälle: Agha (1997), Hashemi/Adineh (1998), Jannat (2005), Karasek (2004), Shenavari (2009), Hoodgarzadeh (2014), Norali Ghasemi (2013), Daneshjoo (2003) haben sich zum Beispiel aus verschiedenen Perspektiven mit Iranern in Deutschland befasst.

Morteza Ghaseminia (1996) beschäftigte sich zum Beispiel auch in seiner Dissertation mit iranischen Migraten in Deutschland. In seiner Arbeit „Iraner und Iranerinnen in Deutschland: Migrationsgeschichte, Lebenssituation und Integrationsprobleme" erläuterte er ausführlich, welche Gründe zur Migration der Iraner geführt haben. Allerdings blieben die sozialen Beziehungen der Migranten in dieser Arbeit unberücksichtigt.

Ebenso haben sich auch die drei Autoren (Azadi, Mirramezani und Mesgaran) im Rahmen eines Projektes „Stanford Iran 2040 Project" an der Stanfords Universität in ihrem Artikel aus dem Jahr 2020 mit iranischen Migranten weltweit befasst, aber deren Schwerpunkt lag mehr auf anderen Ebenen als die Paarbeziehung der iranischen Migranten.[148]

4.2. Forschungsdefizit

Die bisherigen Recherchen der Verfasserin haben gezeigt, dass es im Zusammenhang mit Flucht und Flüchtlingen allgemein zahlreiche Arbeiten zu verschiedenen Aspekten dieser Thematik gibt. Dazu gehören transnationale Familienkonstellationen und soziale Integration von Menschen aus Eritrea und Syrien in Deutschland[149], die Bewahrung des Familienverbands während des ganzen Asylprozesses,[150] Internationale Migration, Flucht und Asyl,[151] Flucht und Asyl in europäischen Migrationsregimen, die Entwicklung einer umkämpften Kategorie am

---

[148] Vgl. Azadi, Mirramezani, Mesgaran (2020)
[149] Bundesinstitut für Bevölkerungsforschung & Bundesamt für Migration und Flüchtlinge (Hrsg. 2021)
[150] Vgl. Shisheva 2010
[151] Nuscheler 2004

Beispiel der EU, Deutschlands und Polens,[152] Flucht und Vertreibung aus den ehemaligen deutschen Ostgebieten in Prosaliteratur und Erlebnisbericht seit 1945,[153] Krieg, Flucht und Vertreibung,[154] Migration in der globalen Zeit,[155] Migration, Flucht, Exil,[156] soziale Beziehungen im Kontext von Netzwerken im Inland und Ausland,[157] die Betreuung psychisch belasteter Flüchtlinge,[158] psychische Störungen aufgrund von Trauma,[159] Migranten und kulturelle Differenzen, Gewalt, minderjährige Kinder,[160] Frauen, alte Menschen auf der Flucht, Arbeitslosigkeit, Ausgrenzung, Flucht aufgrund sexueller Orientierung sowie Schwierigkeiten aufgrund von Anpassungsproblemen nach der Flucht.

Gleichzeitig wurde festgestellt, dass das Thema „Auswirkungen der Flucht auf persönliche Beziehungen wie zum Beispiel die Paarbeziehung von Flüchtlingen" nur begrenzt untersucht wurde. Im Hinblick auf iranische Flüchtlingspaare in Deutschland konnte direkt nichts gefunden werden.

Ebenso gibt es im Rahmen der Familienforschung Projekte, die sich mit Flüchtlingen befassen. Ein Beispiel ist das Projekt des Bundesministeriums für Familie, Senioren, Frauen und Jugend (BMFSFJ) im Jahr 2010, das sich mit Personen befasst, die aufgrund von Asyl, Flucht und Arbeitsmigration in Deutschland leben und häufig restriktive gesetzliche Bestimmungen in Bezug auf den Nachzug von Kindern oder Ehepartnern akzeptieren müssen.[161] In dieser Arbeit wird jedoch nicht näher untersucht, welche sozialen Auswirkungen solche Hindernisse für diese Menschen haben. Ebenso wurde in diesem Forschungsauftrag nicht untersucht, inwieweit die Partnerschaften in diesem Kontext von Faktoren wie die Flucht beeinflusst werden.

Basierend auf diesen Ergebnissen geht die Autorin davon aus, dass es angebracht ist, die Aufmerksamkeit des Fachbereichs mit einer Arbeit über die Auswirkungen der Flucht auf die Partnerschaft der Flüchtlinge in Deutschland zu lenken.

---

[152] Müller 2010
[153] Dornemann 2005
[154] Rau 2007
[155] Treibel 2008
[156] Hauss 2010
[157] Stelzig 2012
[158] Krueger 2013
[159] Weeber/Goegercin 2014
[160] Weeber/Goegercin 2014
[161] Vgl. Bertram/Spieß 2010 n. BMFSFJ (Hrsg.), S. 5

4.3. Zielsetzungen/leitende Fragestellungen

Immer wieder zeigen die Befragungen, wie im Datenreport (2013) zu lesen war, dass die sozialen Beziehungen im privaten Bereich für Menschen sehr wichtig sind.[162] Persönliche Beziehungen[163] sind wichtig, da das Bild von der Welt und das Selbstbild in dieser Welt in den persönlichen Beziehungen geformt werden. Sie sichern die Zugehörigkeit zum sozialen Mikrokosmos sowie den Zugang zu neuen sozialen Räumen.[164] Die Entwicklung einer Person, insbesondere in den Phasen mit herausfordernden und risikoreichen Lebensereignissen, aber auch der gesamte Sozialisationsprozess wird von persönlichen Beziehungen beeinflusst.[165] Generell kann gesagt werden, dass persönliche Beziehungen alle Lebensbereiche im privaten sowie im öffentlichen Raum durchdringen.

Laireiter (2009, S.85) betont *„dass soziale Beziehungen und soziale Interaktionen die grundlegenden Bedürfnisse von Menschen nach Zuneigung, Identität, Sicherheit, Information, Rückhalt etc. befriedigen und diese daraus Kraft und Stärke für ihre Lebensbewältigung schöpfen, sie damit ihr Befinden stabilisieren und ihre psychische und somatische Gesundheit aufrechterhalten.“*[166] Dadurch kann angenommen werden, dass persönliche Beziehungen im Leben eines jeden Einzelnen, über den gesamten Lebenslauf hinweg, eine bedeutende integrative und schützende Rolle spielen. Durch persönliche Beziehungen lernen Menschen Mensch zu sein und die Persönlichkeit entfaltet sich in Beziehung zu anderen.[167] Persönliche Beziehungen sichern die Sozialität und soziale Integration der Menschen als soziale Wesen und prägen das menschliche Leben von der Geburt bis zum Tod.[168]

Ein Phänomen wie die Flucht reißt die betroffenen Paare aus ihren persönlichen Beziehungsgeflechten heraus und zwingt sie, ein Leben in einem neuen, unbekannten sozialen Raum neu zu beginnen.

---

[162] Vgl. Rahimi 2014, S. 1 & vgl. Weick/Habich 2013 n. Bundeszentrale für politische Bildung, Statistisches Bundesamt (Hrsg.), S. 64f.
[163] Der Begriff „persönliche Beziehung" setzte sich in der Beziehungsforschung weitgehend durch und damit ist eine Beziehung gemeint, in der ein hohes Ausmaß der Gegenseitigkeit zwischen den Interaktionspartnern vorhanden ist. In einer persönlichen Beziehung sind Wünsche, Wissen über die Beziehung und beziehungsrelevantes Verhalten aufeinander abgestimmt. In der sozialpsychologischen Forschung ist der Begriff „persönliche Beziehung" insbesondere durch zwei Wissenschaftler der University of Lancaster Anfang der 1980er Jahre bekannt geworden (vgl. Bierhoff/Rohmann 2009, n. Lenz/Nestmann (Hrsg.), S. 49, 51). Die persönlichen Beziehungen sind in der soziologischen Untersuchungen ein bereites Forschungsfeld (vgl. Lenz 2008 n. Williams (Hrsg.), S. 681).
[164] Vgl. Lenz/Nestmann 2009 n. Lenz/Nestmann (Hrsg.), S. 9
[165] Vgl. Lenz/Nestmann 2009 n. Lenz/Nestmann (Hrsg.), S. 9
[166] Herz 2014 n. Häußling/Stegbauer (Hrsg.), S. 64
[167] Vgl. Lenz/Nestmann 2009 n. Lenz/Nestmann (Hrsg.), S. 9
[168] Vgl. Lenz/Nestmann 2009 n. Lenz/Nestmann (Hrsg.), S. 9

Naghdi (2010) zeigt in seiner Forschung über die sozialen Probleme der iranischen Einwanderer in Schweden, dass die Familienbeziehungen der Iraner in Schweden vom Einfluss der Migration betroffen sind. Er stellt fest, dass die Scheidungsrate der iranischen Paare beispielsweise hoch ist. Er begründet dieses Phänomen mit den durch die Migration[169] bedingten Krisen, den ungleichen Machtverhältnissen zwischen Männern und Frauen sowie den Einflüssen der westlichen Kultur.[170]

Flüchtlingspaare werden nach ihrer Flucht in ein fremdes soziales Umfeld versetzt, wodurch ihre Identität mit einer neuen sozialen Realität konfrontiert wird. Nach ihrer Ankunft in einem neuen Land stellen sie meistens ihre früheren identitätsstiftenden Bindungen und Verhaltensnormen aus der Herkunftsgesellschaft infrage. Möglicherweise ersetzen sie diese durch entsprechende Normen und Beziehungen der hiesigen Gesellschaft,[171] um sich in dem neuen sozialen Raum zu integrieren.

Wenn darüber nachgedacht wird, was diese Tatsache für das Erleben von Diskontinuität der Identität bedeutet, kann davon ausgegangen werden, dass, wie Grinberg und Grinberg (1990) gezeigt haben, die Migration und die damit verbundene Notwendigkeit der Akkulturation für die Betroffenen äußerst traumatische Erfahrung sein können.[172] Der Migrationsprozess und die damit verbundene zukünftige Anpassung der Identität werden von einigen Fachpersonen sogar als vergleichbar mit Gewalt oder Lebensbedrohung angesehen.[173] Pabst, Gerigk, Erdag und Paulsen (2013) schreiben: *„Aufgrund von potentiell traumatischen Erlebnissen vor und/oder während der Flucht sowie der belastenden Situation in der Zeit der Aufenthaltsunsicherheit im Aufnahmeland und diversen psychosozialen Veränderungen und Schwierigkeiten (u.a. eingeschränktes oder fehlendes soziales Netzwerk, erschwerte Kommunikation, Verlust des kulturellen Bezugsrahmens und Rollenveränderungen innerhalb der Familie) ist die Population der Flüchtlinge besonders gefährdet, psychische Erkrankungen zu entwickeln. So tragen die sogenannten*

---

[169] Die Flucht ist als eine Form der Migration (Zwangsmigration) zu betrachten!
[170] Vgl. Naghdi 2010 n. Asian Social Science (Hrsg.), S. 201
[171] Vgl. Stock Gissendanner/Calliess/Schmid-Otto/Behrens 2013 n. Feldmann/Seidler 2013 (Hrsg.), S. 62
[172] Vgl. Stock Gissendanner/Calliess/Schmid-Otto/Behrens 2013 n. Feldmann/Seidler 2013 (Hrsg.), S. 62
[173] Vgl. Stock Gissendanner/Calliess/Schmid-Otto/Behrens 2013 n. Feldmann/Seidler 2013 (Hrsg.), S. 62

postmigratorischen Stressoren zu einer Aufrechterhaltung bereits bestehender Erkrankungen oder einer Verschlechterung des Gesundheitszustandes bei."[174]

Diese Beobachtungen wurden bereits zuvor von anderen Fachpersonen belegt. Kivling und seine Kollegen (2002) sowie Knipscheer und Kleber (2006) konnten zum Beispiel bereits Beschwerden wie Angststörungen, Posttraumatische Belastungsstörungen (PTBS), Depressionen und psychosomatisch bedingte körperliche Probleme bei Flüchtlingen feststellen.[175]

Gäbel et al. (2006) konnten eine Punkt-Prävalenz von 40% für Posttraumatische Belastungsstörungen (PTBS) unter Asylbewerbern in Deutschland belegen.[176]

Gierlichs, Wenk-Ansohn (2005) sprechen bei Folteropfern sogar von anhaltender Depression mit ausgeprägter Suizidalität als eine psychische Folgestörung.[177]

Pabst, Gerigk, Erdag und Paulsen (2013) bestätigen diese Einschätzungen aufgrund ihrer klinischen Erfahrungen und stellen in ihrer Arbeit fest, dass psychisch erkrankte Flüchtlinge unter latentem Suizidalitätsgefühl leiden. Dieses könnte sich im Zuge angedrohter Abschiebung oder anderer psychosozialer Stressoren zu einer akuten Krise entwickeln.[178]

Polat 2014 kann auch die Auswirkungen der Migration und traumatischer Erlebnisse auf Flüchtlingsfamilien feststellen. Er stellt sogar Auswirkungen auf die folgende Generation in seiner Untersuchung fest.[179]

Becker 2002 (S. 68-72) geht sogar davon aus, dass die Rahmenbedingungen in Deutschland, unter denen Flüchtlinge leben, generell dazu beitragen, dass diese sich ohnmächtig fühlen. Von ihnen wird erwartet, sich besonders autonom und vernünftig zu verhalten.[180] Dieses Ohnmachtsgefühl kann durch die fehlende gesellschaftliche Teilhabe und Chancengleichheit[181] in einem Aufnahmeland wie Deutschland gestärkt werden.[182]

---

[174] Pabst/Gerigk/Erdag/Paulsen 2013 n. Feldmann/Seidler (Hrsg.), S. 116
[175] Vgl. Pabst/Gerigk/Erdag/Paulsen 2013 n. Feldmann/Seidler (Hrsg.), S. 116
[176] Vgl. Gäbel et al. 2006, n. Zeitschrift für Klinische Psychologie und Psychotherapie, S. 12-20
[177] Vgl. Gierlichs/Wenk-Ansohn 2005 n. Zeitschrift für Ausländerrecht, S. 158-163
[178] Vgl. Pabst/Gerigk/Erdag/Paulsen 2013 n. Feldmann/Seidler (Hrsg.), S. 117
[179] Vgl. Polat 2014
[180] Vgl. Busche 2013, S. 54
[181] Es wurde aus einer „Gemeinsamen Erklärung zur interkulturellen Öffnung und zur kultursensiblen Arbeit für und mit Menschen mit Behinderung" von Bundesarbeitsgemeinschaft der Freien Wohlfahrtspflege (2012) deutlich, dass viele Men-

Während freiwillig migrierende Menschen sich als aktiv Handelnde betrachten, sehen sich Flüchtlinge eher als passiv behandelte Objekte. Der Grund dafür liegt darin, dass diese Personen auf eine abrupte und dramatische Weise in andere zeitlich-räumliche Zusammenhänge katapultiert wurden, was sie sich gar nicht gewünscht haben.[183]

Das führt bei ihnen zu starken Entwurzelungserscheinungen und Angst vor dem Unbekannten.[184] Solche Erfahrungen könnten bei ihnen Spuren auf verschiedenen Ebenen wie die Paarbeziehung hinterlassen, welche wiederum Einfluss auf das gesamte Leben dieser Menschen haben könnten. Denn allgemein ist der Einfluss sozialer Beziehungen auf alle Lebensbereiche der Individuen wie Gesundheit und persönliche Entwicklung im Lebensverlauf bekannt, wie oben kurz erwähnt wurde.

Die sozialen Beziehungen weisen ein bereites Spektrum an Vielfältigkeit und Multifunktionalität auf.[185] Sie können sowohl im öffentlichen Raum als auch im privaten Raum wie in der Partnerschaft, Familien und sozialen Netzwerken[186] beobachtet werden, was in den letzten Jahrzehnten verstärkt das Interesse der Wissenschaft und der psychosozialen Praxis erweckt hat.[187]

Interessanterweise ist dieses Interesse bisher nicht auf Flüchtlingspaare ausgeweitet worden. Deshalb ist es wichtig, die Situation aus der Perspektive einiger Flüchtlinge zu erfassen. Werden als Ergebnis der Untersuchung Veränderungen in der Beziehung der Befragten festgestellt, sollten Überlegungen angestellt werden, welche Unterstützungsangebote in welcher Form bereitgestellt werden können.

Daher lautet die konkrete Fragestellung in dieser Arbeit „Inwiefern beeinflussen die Flucht und ihre Folgen die Paarbeziehungen von Flüchtlingspaaren?" Die Studie zielt darauf ab, herauszufinden, welche Formen der Angebote aus der Pers-

---

schen mit Migrationshintergrund, insbesondere die Flüchtlinge, keinerlei Anspruch auf Eingliederungshilfen nach Sozialgesetzbuch (SGB) IX haben. Die speziellen Angebote der Familienunterstützenden Dienste für Haushalte, in denen ein Kind mit Behinderung lebt, sind beispielsweise die Gruppenangebote oder zielorientierte Einzelbetreuungen von der Eingliederungshilfen abhängig. Migrantenfamilien können solche Angebote nur nutzen, wenn sie selbst die Finanzierung übernehmen. Ebenfalls wird es gezeigt, dass die Kosten für die Brillen, Hörgeräten etc. meistens nicht übernommen werden, wenn die Flüchtlinge noch im Asylverfahren sind [vgl. Schroeder 2014 n. Gag/Voges (Hrsg.), S. 19].

[182] Vgl. Brinkmann/Marschke 2014 n. Marschke/Brinkmann (Hrsg.), S. 12

[183] Vgl. Pirmoradi 2012, S. 29

[184] Vgl. Pirmoradi 2012, S. 29

[185] Vgl. Hennig 2006, S. 56

[186] Der Sozialnetzwerkbegriff ist ein deskriptiver und analytischer Begriff. Das heißt, dass er als solches eine Beschreibung und Analyse von sozialen Strukturen und sozialen Beziehungen darstellt (vgl. Laireiter 2009, n. Lenz/Nestmann (Hrsg.), S. 84).

[187] Vgl. Laireiter 2009, n. Lenz/Nestmann (Hrsg.), S.75

pektive der Befragten hilfreich wären. Ebenso ist es von Interesse, wie die befragten Personen ihre Beziehung wahrnehmen. Welche Faktoren erachten sie als bedeutsam in ihrer Partnerschaft? Betrachten die Befragten die Flucht als einen Veränderungsfaktor in ihrer Beziehung? Wie helfen sie sich im Alltag? Wie bewältigen sie den Alltag und wie gehen sie mit ihrer Situation um?

Um Antworten auf diese Fragen aus der Perspektive einiger Mitglieder dieser Personengruppe zu erhalten, war eine Datensammlung notwendig. Mit Hilfe von Interviews und Fragebögen wurde nach Antworten auf die genannten Fragen gesucht, was unten dargestellt wird.

Der nächste Abschnitt behandelt deshalb die Datenerhebung.

4.4. Datenerhebung & Erhebungssituation

Bezüglich der Datenerhebung war die ursprüngliche Absicht, so viele Interviewpartner wie möglich für diese Arbeit zu finden. Daher wurde gezielt nach Flüchtlingen aus dem Iran gesucht, die gemeinsam mit ihrem Partner aus dem Iran nach Deutschland geflohen sind. Ursprünglich war geplant, mindestens 20 Interwiepartner zu gewinnen. Ebenfalls war geplant, einen Vergleich zwischen geschiedenen und verheirateten Paaren anzustellen, da eine Trennung oder Scheidung möglicherweise als eine Folge der Flucht in Betracht gezogen werden könnte, wie oben von manchen Fachleuten erklärt wurde. Diese Planung konnte jedoch nicht umgesetzt werden. Die Bereitschafft der Zielgruppe, ein Interview zu geben, war sehr gering. Obwohl viele Privatpersonen und verschiedene Organisationen wie der Verein Kargah in Hannover bei der Suche nach Interviewpartnern geholfen haben, konnten insgesamt nur zehn Interviewpartner gefunden werden. Darunter waren ein Paar und acht Einzelpersonen. Die Interviews wurden von November 2016 bis Februar 2017 durchgeführt. Dabei war festzustellen, dass die Männer zurückhaltender als die Frauen waren. Dies zeigte sich auch im Ergebnis, da nur ein Mann gemeinsam mit seiner Frau die Bereitschaft für ein Gespräch zeigte.

In der Phase der Suche nach Interviewpartnern musste jedem Ansprechpartner immer wieder zugesichert werden, dass die Informationen mit persönlichen Daten nicht bekannt gegeben werden. Zur Anonymisierung wurden die Interviewpartner mit einem Buchstaben codiert.

Ein ebenfalls beobachtbares Phänomen war die Sorge der angesprochenen Personen bezüglich der Beurteilung ihrer Person aufgrund ihrer Aussagen. Vor jeder Interviewsitzung musste immer wieder versichert werden, dass es hier nicht um die Bewertung ihrer Handlungen, Aussagen oder ihrer Denkweise und Lebensgeschichte seitens der Autorin geht. Die Betonung, dass es im Interview ausschließlich um die Sammlung von Informationen ohne Bewertung geht, führte dazu, dass zehn Personen die Bereitschaft zeigten, ein Gespräch mit der Autorin zu führen.

Um den Horizont möglicher Antworten nicht durch eine standardisierte[188] oder halbstandardisierte schriftliche oder mündliche Befragung zu begrenzen,[189] erschien es in diesem ersten Schritt geeignet, eine erzählgenerierende Interviewmethode (fokussierte narrative Befragung)[190] in dieser Untersuchung anzuwenden. Die Interviewpartner wurden dazu ermutigt, Erzählungen über ihre Biographie oder ihre speziellen Erfahrungen vorzunehmen.

Insbesondere war es bei dieser Form der Datenerhebungsmethode wichtig, jegliche Art von Vorannahmen nach Möglichkeit auszuschließen. Auf diese Weise kann unbeeinflusstes Material gesammelt werden und die subjektiven Deutungsmuster der Interviewten besser präsentiert werden.[191] Die Denkweise und das Handeln der Befragten können auf diese Weise besser rekonstruiert und verstanden werden.[192]

Ein wichtiger Punkt bei der Interviewführung war, dass die Interviewpartner sowohl auf Deutsch als auch in ihrer Muttersprache, also persisch, erzählen durften. Ob sie auf Deutsch, Persisch oder einer Mischsprache (Sätze mit deutschen und persischen Worten) sprechen, wurde ihnen überlassen.

Zur Auflockerung der Atmosphäre wurden zunächst Smalltalks zu Themen wie das Wetter und die Anreise zum Interviewort geführt.

---

[188] Insgesamt differenziert man nach Grad der Standardisierung (der verbindlichen Vorgabe) der Frageformulierung und -reihenfolge und der Antwortformulierung bzw. -kategorien zwischen vollstandardisierten und halbstandardisierten Interviews. Bei einem vollstandardisierten Interview ist alles verbindlich bestimmt. Im Gegensatz dazu gibt es beim halbstandardisierten Interview offene Fragen mit freier Antwortmöglichkeit (vgl. Schaffer 2009, S. 106ff.).
[189] Vgl. Friebertshäuser/Langer 2010 n. Friebertshäuser/Langer/Prengel (Hrsg.), S. 439
[190] Vgl. Mehr dazu siehe Jakob 2010 n. Friebertshäuser/Langer/Prengel (Hrsg.)
[191] Vgl. Griese/Griesehop 2007, S. 8
[192] Vgl. Friebertshäuser/Langer 2010 n. Friebertshäuser/Langer/Prengel (Hrsg.), S. 437

In dieser Sozialforschung wurden sowohl qualitative (mündlich fokussierte narrative Interviews) als auch quantitative Methoden (Fragebogen mit geschlossenen und offenen Fragen) angewendet.

Nach der Durchführung des Interviews wurden schriftlich die sozialen Daten festgehalten. Ebenso wurden Themen wie das Vorkommen von Gewalthandlungen bei den Eltern und in der eigenen Paarbeziehung, die Aufteilung von Aufgaben in der Herkunftsfamilie (Mutter/Vater) und in der eigenen Familie, die Einmischung oder Einflüsse der Schwiegereltern und Geschwister in der Paarbeziehung, auffällige Veränderungen in der Lebensart vor und nach der Flucht, Erwerbstätigkeit oder Erwerbslosigkeit, finanzielle Lage, gesellschaftliche Anerkennung bzw. fehlende Anerkennung, Beschäftigungsarten, Hobbies, Freundeskreis, Wohnort, Kenntnis über gesellschaftliche Regeln, Umstände und Hilfesysteme, Erziehung der Kinder usw. erfragt.

Diese schriftliche Datenerhebung wurde als wichtig erachtet, da sie dazu beiträgt, die Befragten besser zu verstehen. Ein weiterer Grund für die schriftliche Datenerhebung war die Reduzierung der Datenmenge im mündlichen Teil. Hierfür wurde ein Fragebogen mit geschlossenen und offenen Fragen in deutscher und persischer Sprache formuliert. Vor der eigentlichen Durchführung der Befragung fand ein Pretest[193] statt, um die Fragen zu überprüfen und mögliche zusätzliche Kenntnisse zu gewinnen.

Wie von Flick (2011) empfohlen, wurde während des Datenerhebungsprozesses ein Forschungstagebuch geführt, um den ganzen Forschungsprozess schriftlich zu dokumentieren. Dies beinhaltete Informationen darüber, im welchem Kontext die Daten entstanden oder erhoben wurden.[194]

Die mündlichen Aussagen wurden aufgezeichnet und es wurden auch Notizen zur Situation und zu Verhaltensweisen gemacht. Die mündlich erhobenen Daten aus den Interviews wurden in Gänze verschriftet (transkribiert). Durch diese Schritte konnten die Zusammenhänge im Text übertragen werden, was die Analyse ermöglichte.[195]

---

[193] Das konstruierte Erhebungsinstrument soll vor seinem ersten Einsatz einem Test unterzogen werden (vgl. Schaffer 2009, S. 176).
[194] Vgl. Flick 2011, S. 371
[195] Vgl. Flick 2011, S. 371

Die Konstruktion einer (neuen) Realität wird durch diese drei wesentlichen Schritte der Fixierung erst ermöglicht.[196] Die Art und Weise, wie verschiedene Variablen miteinander in Beziehung stehen und aufeinander wirken, wurde mit Hilfe einer Analysemethode geklärt, die für die Fragestellung als passend erschien. Dazu wird unten mehr erläutert.

Insgesamt waren zehn Personen bereit, ein Interview zu geben. Diese werden unten anonymisiert vorgestellt. Folgende Informationen wurden aus den Datensammlungen herausgefiltert.

Das Paar Herr & Frau S: Im November 2016 kam das Paar S zum Interview. Zu diesem Zeitpunkt waren sie beide 53 Jahre alt und hatten seit sechszehn Jahren in Deutschland gelebt. Sie waren das einzige Paar, das bereit war, ein Interview zu geben. Beide sind Akademiker und berufstätig in Deutschland. Sie haben zwei Kinder. Im Iran lebten sie nicht in der Hauptstadt. Die Flucht aus dem Iran erfolgte unter Verwendung gefälschter Papiere. Heute leben sie in zwei Wohnungen, obwohl sie sich als ein glückliches Paar bezeichnen. Das Interview dauerte etwa zwei Stunden und dreißig Minuten. Die Ehefrau war gesprächiger als der Ehemann. Vertiefte Details wurden in den meisten Fällen vermieden. Im Laufe des Gesprächs wurden sie entspannter und haben mehr erzählt. Obwohl viele grammatische Fehler aufgrund nicht ausreichender Sprachkenntnisse vorhanden waren, waren die Aussagen auf Deutsch dennoch klar und verständlich.

Acht Interviewpartnerinnen: Des Weiteren waren acht Frauen im Alter zwischen 36 und 69 Jahren bereit, ein Interview zu geben. Drei von ihnen waren geschieden, eine Frau lebte seit 2010 getrennt und die Übrigen waren verheiratet und lebten mit ihren Partnern in einer Hausgemeinschaft.

Frau N: Das Interview mit Frau N fand im Dezember 2016 statt. Sie ist zum Zeitpunkt des Interviews 56 Jahre alt und seit 46 Jahren verheiratet. Im Iran war sie Hausfrau. Sie hat drei Töchter und lebt seit 20 Jahren in Deutschland. Sie hat eine betriebliche Berufsausbildung in Deutschland abgeschlossen und hat aktuell einen Minijob. Sie leidet unter gesundheitlichen Einschränkungen wie zum Beispiel Depression. Während des Interviews brach sie mehrmals in Tränen aus, als sie über ihr Leben und ihre Partnerschaft sprach. Sie haben im Iran im Südiran gelebt.

---

[196] Vgl. Flick 2011, S. 372

Frau H: Das Interview wurde mit Frau H in zwei Sitzungen durchgeführt, da sie zeitlich keine andere Möglichkeit hatte. Die Sitzungen fanden im Dezember 2016 und im Januar 2017 statt. Sie war zum Zeitpunkt des Interviews 61 Jahre alt. Sie ist Akademikerin, geschieden und lebte seit 28 Jahren nicht mehr im Iran. Sie lebt seit 25 Jahren in Deutschland und hat zwei erwachsene Kinder. Zurzeit hat sie einen Minijob. Sie hat im Iran in der Hauptstadt gelebt.

Frau M: Zum Zeitpunkt des Interviews war sie 69 Jahre alt. Das Interview mit ihr fand im Dezember 2016 statt. Sie ist Akademikerin, seit 53 Jahre verheiratet und lebt seit sechzehn Jahren in Deutschland. Sie hat vier erwachsene Kinder und ist im Ruhestand. Die Kinder sind vor ihr und ihrem Mann nach Deutschland gekommen. Sie sind in Deutschland beruflich tätig. Sie haben im Iran ursprünglich im Südiran gelebt und mussten durch den Iran-Irak-Krieg einen neuen Wohnort im Iran suchen, welchen sie trotzdem auch später verlassen und fliehen mussten.

Frau T: Sie kam im Dezember 2016 zum Interview. Zu diesem Zeitpunkt war sie 61 Jahre alt und lebte seit elf Jahren in Deutschland. Religion spielt für sie keine Rolle. Sie und ihr Mann gehörten zur linken Gruppierungen im Iran. Sie verließ mit ihren Kindern das Heimatland, als der Ehemann im Gefängnis war. Damals war sie mit den Kindern in die Sowjetunion (UDSSR) geflüchtet und lebte zunächst dort einige Jahre. Dort studierte sie. Als es das politische System in der Sowjetunion zusammenbrach, kam sie mit ihren Kindern nach Deutschland. Sie ist aktuell in einem gerinfügigen Beschäftigungsverhältnis. Es gab häusliche Gewalt in ihrer Ehe. Heute hat sie zwei erwachsene Kinder und ist geschieden. Sie lebte im Iran in der Hauptstadt.

Frau L: Das Interview mit Frau L wurde in zwei Sitzungen durchgeführt, da sie zeitlich keine andere Möglichkeit hatte. Die Sitzungen fanden im Dezember 2016 und im Januar 2017 statt. Sie war zu diesem Zeitpunkt 36 Jahre alt und geschieden. Sie ist Akademikerin. Aktuell besucht sie einen Sprachkurs. Zum Interwiezeitpunkt lebte sie seit fünf Jahren in Deutschland. Sie hat ein Kind und einen Minijob. Ihr Kind, im Jugendalter, lebt bei seinem Vater und möchte keinen Kontakt zu ihr haben. Die Trennung erfolgte ein Jahr nach ihrer Einreise nach Deutschland. Sie hatte eine religiöse Familie. Religion spielt heute für sie keine Rolle. Sie stammt aus einer finanziell schwachen Familie, im Gegensatz zum Exmann.

Häusliche Gewalt hat sowohl in ihrer Ehe, als auch bei den Eltern und Schwiegereltern gegeben. In Deutschland lebt sie in einer kleinen Gemeinde. Sie wurde als junges Mädchen mit sechzehn Jahren verheiratet. Sie lebte im Iran in der Hauptstadt.

Frau Y: Die Interviewpartnerin war zum Zeitpunkt des Interviews 60 Jahre alt und seit 36 Jahren verheiratet. Das Interview mit ihr fand im Dezember 2016 statt. Sie stammt aus dem Südiran und hat kein Kind. Sie hat eine ganz große Herkunftsfamilie mit mehr als zehn Geschwestern. Ihr Vater hatte mehrere Frauen. Religion spielt heute für sie keine Rolle. Sie und ihr Mann gehörten zu einer linken Gruppierung im Iran. Sie mussten im Iran ihren Heimatsort aufgrund von Verfolgung verlassen und in einem neuen Ort im Iran versteckt leben. Der Mann wurde trotzdem festgenommen und als er aus dem Gefängnis fliehen konnte, sind sie aus dem Iran herausgekommen. Sie ist Akademikerin und ist seit 33 Jahren in Deutschland und berufstätig. Sie bezeichnet sich als modern und nicht religiös und lebte vor der Flucht im Iran in verschiedenen Städten.

Frau A.: Das Interview mit Frau A fand im Dezember 2016 statt. Die Interviewpartnerin war zum Zeitpunkt des Interviews 40 Jahre alt. Sie hatte im Iran Abitur gemacht und in Deutschland eine betriebliche Berufsausbildung abgeschlossen. Sie hatte eine sehr religiöse Familie. Heute hat die Religion nicht mehr die Bedeutung von früher für sie. Im Iran war sie Hausfrau. Für sie hat der Mann im Iran einen höhen Stellenwert gehabt. Nach der Flucht hatte sie mit ihrem Mann viele Konflikte in Deutschland. Sie lebt heute getrennt von ihrem Ehemann in Deutschland, aber sie haben Kontakt miteinander. Sie hat ein minderjähriges Kind, das mit ihr zusammen wohnt. Seit sieben Jahren ist sie in Deutschland ohne Erwerbstätigkeit. Sie wohnte im Iran in der Hauptstadt.

Frau G: Das Interview mit Frau G fand im Februar 2017 statt. Frau G war zum Zeitpunkt des Interviews 40 Jahre alt und ist Akademikerin. Im Iran war sie selbständig tätig. Sie war zum Interviewzeitpunkt seit achtzehn Jahren verheiratet und lebte seit drei Jahren in Deutschland. Sie hatte ein Kind und engagierte sich ehrenamtlich in Deutschland. Einen Minijob hatte sie zum Zeitpunkt des Interviews. Sie stammte aus einer wohlhabenden Familie. Auch die Familie des Ehemannes war wohlhabend. Die finanzielle Lage des Paares war im Iran besser als in Deutschland. Sie lebten im Iran in der Hauptstadt.

Die gesammelten Daten der Befragten zeigten insgesamt, dass die Interviewpartner sehr unterschiedliche Lebenssituation hatten bzw. haben. In Kapitel fünf sind mehr Informationen zu den Befragten zu erfahren.

Der nächste Schritt erläutert die Auswertungsmethode.

4.5. Auswertung der Interviews nach Grounded Theorie

Die Auswertung der erhobenen Daten nach Grounded Theorie erschien in dieser Arbeit als geeignet, da die Autorin in diesem Projekt ohne jegliche Hypothesen und theoretische Bezugnahme in das Feld eintreten wollte. Der Grund dafür war, dass die Aussagen der Befragten im Vordergrund stehen sollten. Die Analyse der gesammelten Daten hängt von der Untersuchungsmethode und dem verwendeten Erhebungsinstrument ab.[197]

Für die Textanalyse wurde die Methode der Inhaltsanalyse[198] ausgewählt. Unter dem Begriff „Inhaltsanalyse" können *„in der einschlägigen Literatur eine ganze Reihe von sehr unterschiedlichen analysetechnischen Verfahren (z.B. Content Analysis, hermeneutische Inhaltsanalyse, Dokumentenanalyse) subsumiert werden, sie zielen alle auf die systematische und intersubjektiv nachvollziehbare Analyse ‚sozial-symbolischer Kommunikationsinhalte', in der Regel Texte, aber auch bildliches oder musikalisches Material. Die Inhaltsanalyse kann sich vorwiegend oder ausschließlich auf die inhaltlichen Aspekte eines Textes beziehungsweise eines Bildes oder Musikstücks beziehen."*[199]

Die zentralen Grundgedanken der inhaltsanalytischen Vorgehensweise sind:

a) Die Bestimmung des Analyszieles, beispielsweise die Analyse von Einstellungen, Gefühlen der Textproduzenten oder die Entstehungssituation des Materials.

---

[197] Vgl. Schaffer 2009, S. 176

[198] Unter diesem Begriff können *„in der einschlägigen Literatur eine ganze Reihe von sehr unterschiedlichen analysetechnischen Verfahren (z.B. Content Analysis, hermeneutische Inhaltsanalyse, Dokumentenanalyse) subsumiert werden, sie zielen alle auf die systematische und intersubjektiv nachvollziehbare Analyse ‚sozial-symbolischer Kommunikationsinhalte', in der Regel Texte, aber auch bildliches oder musikalisches Material. Die Inhaltsanalyse kann sich vorwiegend oder ausschließlich auf die inhaltlichen Aspekte eines Textes beziehungsweise eines Bildes oder Musikstücks beziehen"* (Schaffer 2009, S. 143).

[199] Schaffer 2009, S. 143

b) Das Material wird in Analyseeinheiten zerlegt und schrittweise systematisch be-arbeitet.

c) Verschiedene Analyseaspekte werden in Kategorien zusammengefasst, die im Analyseprozess kontinuierlich weiterentwickelt werden.

d) Das gesamte Verfahren muss nachvollziehbar und den Güterkriterien genügen, um mit anderen Untersuchungen vergleichbar zu sein (Reliabilitätsprüfung).[200]

Schaffer zufolge liegt das Haupteinwendungsgebiet der qualitativen Inhaltsanalyse in der Auswertung von Interviews, die entlang ausgewählter Kategorien erfol-gen.[201]

Die Grounded Theorie wurde in den 1960er-Jahren von Anselm Strauss und Bar-ney Glaser entwickelt. Bei dieser Forschungsmethode werden systematische Ver-fahren angewandt, um eine induktiv abgeleitete, gegenstandsbezogene Theorie über ein bestimmtes Phänomen zu entwickeln.[202] Diese Theorie wird direkt aus den gesammelten Daten abgeleitet, ohne vorher festgelegten Hypothesen oder Theorien. Die Grounded Theorie ist besonders in den Sozialwissenschaften weit verbreitet und hat dazu beigetragen, tiefes Verständnis für verschiedene Phänome zu entwickeln.

Gemäß Strauss werden die Analyseeinheiten durch das Kodieren definiert und bestimmt. Das Kodieren ist der zentrale Analyseprozess. Dabei geht es nicht nur um das anfängliche Benennen von Textstellen, sondern um den gesamten Analy-seprozess. Die Kodes werden in verschiedenen Schritten anhand des Textmate-rals überprüft, korrigiert und modifiziert. Der Untersucher kann im Text bei Bedarf hin und her springen. Das übergeordnete Ziel des Kodierens ist die Theoriebil-dung.[203]

Die Theorie ist als ein Prozess zu verstehen, weil die erhobenen Daten im Allge-meinen als Momentaufnahme der Realität betrachtet werden.[204]

---

[200] Vgl. Mayring/Gahleitner 2010 n. Bock/Miethe Hrsg., S. 295ff.
[201] Vgl. Schaffer 2009, S. 151
[202] Vgl. Strauss/Corbin, 1996 n. Flick 2014
[203] Vgl. Flick 2014
[204] Vgl. Strübing 2008, S. 39

Die Interpretation der erhobenen Daten, wie von Strauss (1991) betont, bildet den Kern der Forschung. Sie dient nicht nur der Theorieentwicklung, sondern hilft auch dabei zu bestimmen, welche Daten noch erfasst werden müssen. Um den Überblick über die Theoriebildung nicht zu verlieren, ist es wichtig regelmäßig Memos zu verfassen. Diese Memos helfen dabei, die verschiedenen Aspekte und Ideen, die während des Kodierens entstehen, festzuhalten.[205]

Es ist ebenfalls entscheidend, eine intersubjektive Nachvollziehbarkeit und Überprüfbarkeit der Resultate sicherzustellen.[206]

Der Analyseprozess wurde mit Hilfe von Microsoft Office 2010 und der Computersoftware MAXQDA unterstützt. Diese Software eignet sich zum Organisieren, Analysieren und zu Interpretation der qualitativ erhobenen Daten.[207] Mit der MAXQDA-Software können verschiedene Arten von qualitativen Interviews, Beobachtungsprotokolle, Dokumente, Akten und viele weitere Materialien ausgewertet werden.[208]

Mit diesem Programm kann auf unterschiedliche Weise gearbeitet werden, da für die Nutzung von MAXQDA-Software keine einheitliche Vorgehensweise oder präzise beschreibbare Methode festgelegt ist.[209]

Das MAXQDA-Programm ist hier von entscheidender Bedeutung, um einen besseren Überblick zu gewährleisten. Mit ihm können alle Schritte systematisch dokumentirt werden.

Um theoretische Repräsentativität hiernach sicherzustellen, sollten ausreichend viele Interviews durchgeführt werden, um ein Abbild der theoretisch relevanten Kategorien zu erhalten.

Für diese Arbeit bedeutet dies, dass jede in der Realität vorkommende Ausprägung des untersuchten Phänomens, insbesondere im Zusammenhang mit der Beziehung zwischen Flucht und Paarbeziehung, repräsentiert sein muss.

---

[205] Vgl. Strübing 2008, S. 34ff.
[206] Vgl. Schaffer 2009, S. 143ff. und 176ff. und vgl. Flick 2011, S. 386ff.
[207] Vgl. http://www.maxqda.de/produkte/was-ist-qda-software; Mehr dazu auch beim Anbieter!
[208] Vgl. Kuckartz/Rädiker 2010 n. Bock/Miethe (Hrsg.), S. 353
[209] Vgl. Kuckartz/Rädiker 2010 n. Bock/Miethe (Hrsg.), S. 353

Strauss und Corbin (1996) gehen mit Hilfe der aus der „Grounded Theory" stammenden Methode des „theoretischen Samplings" davon aus, dass die theoretische Sättigung erreicht werden muss, um eine angemessene Repräsentation sicherzustellen. Sie schlagen vor, dass nach der Erhebung des ersten Falles dessen Interpretation erfolgen muss. Dann sollten die ersten zentralen Kategorien für den Untersuchungsgegenstand identifiziert werden. Zu diesem Zweck wird nach einem Fall gesucht, der in diesen Kernaspekten oder darauf bezogenen Merkmalen vom ersten Fall abweicht. Dieses Vorgehen wird mit den Interpretationsergebnissen für den zweiten Fall fortgesetzt. Aber es wird auch auf den ersten Fall zurückbezogen. Dieses Verfahren soll solange fortgesetzt werden, bis keine weitere Variante gefunden werden kann. Erfahrungsgemäß wird die Sättigung oft bei einer Anzahl von Interviews zwischen zwölf und dreißig erreicht.[210]

Wie bereits oben erwähnt wurde, war es ursprünglich geplant, mindestens 20 Interviewpartner zu haben. Dieses Ziel erwies sich jedoch in der Praxis als nicht erreichbar. Angesicht dieser Gegebenheit musste mit den zehn durchgeführten Interviews gearbeitet werden. Dennoch waren die befragten Personen in Bezug auf Alter, Bildung, Lebenssituation, Erwerbstätigkeit, Wohnort, finanzielle Lage, Gestaltung der Paarbeziehung, Lebensführung und Gründe der Flucht so unterschiedlich, dass am Ende ein repräsentatives Bild der Realität erkennbar wurde.

Bevor die Ergebnisse näher dargestellt werden, werden zunächst weitere Informationen zur Vorgehensweise erläutert.

4.5.1. Transkriptionsregeln

Für die Transkription wurde ein einfaches Transkriptionssystem nach Kuckartz et. al. 2008 ausgewählt.[211] Die Regeln lauten wie folgt:

1. Es wurde wörtlich transkribiert, also nicht lautsprachlich oder zusammenfassend. Vorhandene Dialekte wurden möglichst wortgenau ins Hochdeutsche übersetzt. Wenn keine eindeutige Übersetzung möglich war, wurde der Dialekt beibehalten, zum Beispiel: Ich gehe heuer auf das Oktoberfest.

---

[210] Vgl. Küsters 2005, S. 51
[211] Vgl. Kuckartz et al. 2008 n. Dresing/Pehl 2012, S. 26ff. & 2018, S. 21ff.

2. Wortverschleifungen wurden nicht transkribiert, sondern an das Schriftdeutsch angenähert. Beispielsweise „Er hatte noch so'n Buch genannt" wurde zu „Er hatte noch so ein Buch genannt" und „hamma" wurde zu „haben wir". Die Satzform wurde beibehalten, auch wenn sie syntaktische Fehler beinhaltet, beispielsweise: „bin ich nach Kaufhaus gegangen".

3. Wort- und Satzabbrüche sowie Stottern wurden geglättet bzw. ausgelassen. Wortdoppelungen wurden nur erfasst, wenn sie als Stilmittel zur Betonung genutzt wurden zum Beispiel: „Das ist mir sehr, sehr wichtig.". „Ganze" Halbsätze, denen nur die Vollendung fehlte, wurden jedoch erfasst und mit dem Abbruchzeichen / gekennzeichnet.

4. Interpunktion wurde zugunsten der Lesbarkeit geglättet, das bedeutet, dass bei kurzem Senken der Stimme oder uneindeutiger Betonung eher ein Punkt als ein Komma gesetzt wurde. Dabei wurden Sinneinheiten beibehalten.

5. Pausen wurden durch drei Auslassungspunkte in Klammern (...) markiert.

6. Verständnissignale des gerade nicht Sprechenden wie „mhm, aha, ja, genau, ähm" etc. wurden nicht transkribiert. AUSNAHME: Eine Antwort bestand NUR aus „mhm" ohne jegliche weitere Ausführung. Dies wurde als „mhm (bejahend)", oder „mhm (verneinend)" erfasst, je nach Interpretation.

7. Besonders betonte Wörter oder Äußerungen wurden durch GROSSSCHREIBUNG gekennzeichnet.

8. Jeder Sprecherbeitrag erhielt eigene Absätze. Zwischen den Sprechern wurde eine freie, leere Zeile gesetzt. Auch kurze Einwürfe wurden in einem separaten Absatz transkribiert. Mindestens am Ende eines Absatzes wurden Zeitmarken eingefügt.

9. Emotionale nonverbale Äußerungen der befragten Person und des Interviewers, die die Aussage unterstützen oder verdeutlichen (etwa wie lachen oder seufzen), wurden beim Einsatz in Klammern notiert.

10. Unverständliche Wörter wurden mit (unv.) gekennzeichnet. Längere unverständliche Passagen wurden möglichst mit der Ursache versehen (unv., Handystörgeräusch) oder (unv., Mikrofon rauscht). Wurde ein Wortlaut vermutet, war

aber nicht sicher, wurde das Wort bzw. der Satzteil mit einem Fragezeichen in Klammern gesetzt. Zum Beispiel: (Xylomethanolin?). Generell wurden alle unverständlichen Stellen mit einer Zeitmarke versehen, wenn innerhalb von einer Minute keine Zeitmarke gesetzt wurde.

11. Die interviewende Person wurde durch ein „I:" gekennzeichnet, während die befragte Person durch ein „B:" identifiziert wurde. Bei mehreren Interviewpartnern (wie das Paar) wurde dem Kürzel „B" eine entsprechende Kennnummer oder ein Name zugeordnet (z.B. „B1:", „Peter:").

12. Das Transkript wurde als Rich Text Format (.rtf-Datei) gespeichert, unter Berücksichtigung der Bennenung der Datei entsprechend des Audiodateinamens (ohne Endung wav, mp3). Beispielsweise: „Interview_04022011.rtf" oder „Interview_schmitt.rtf".

Weiterhin wurden Ausdrucke/Wörter wie „ehm", „eh", „ahm" aus Gründen der Leseeinfachheit nicht geschrieben. Zudem wurden die Akzente/Dialekte nicht berücksichtigt und alles wurde in Hochdeutsch geschrieben.

4.5.2. Erzählstimulis

Als Erzählstimulis wurde der folgende Text erläutert:

„Zunächst möchte ich mich dafür bedanken, dass Sie so freundlich sind und Ihre Zeit für dieses Projekt zur Verfügung stellen. Wie ich bereits am Telefon bei unserem ersten Kontakt gesagt habe, möchte ich mit dieser Befragung herausfinden, welche Veränderungen Paare aus dem Iran in ihrer Paarbeziehung feststellen, nachdem sie ihre Heimat verlassen haben, nach Deutschland gekommen sind und in Deutschland leben. Mich interessiert die Partnerschaft dieser Gruppe in Deutschland. Mich interessiert alles, was mit ihrer Paarbeziehung zu tun hat. Erzählen Sie mir bitte von Ihrer Partnerschaft."

Die mündliche Befragung hat gezeigt, dass in einem Gespräch Aspekte zur Sprache kommen können, die ursprünglich nicht für das Projekt vorgesehen waren.

Nach der oben beschriebenen Vorgehensweise wurde im Auswertungsprozess festgestellt, dass die Gesprächsteilnehmer viele Themen angesprochen haben, die in erster Linie mit der ursprünglichen Fragestellung nichts zu tun hatten. Um den Überblick zu behalten, wurden zwar alle Gespräche vollständig transkribiert, jedoch wurden nur die Teile ausgewertet, die sich auf die Fragestellung bezogen.

Im nächsten Schritt werden die für dieses Vorhaben relevanten Kategorien erläutert, die aus den Befragungen hervorgegangen sind.

4.5.3. Kategorien

Basierend auf den Aussagen der Erzähler wurden die folgenden Kategorien im Zusammenhang mit dem Thema als wichtig eingestuft:

Um Gründe zum Verlassen des Heimatlandes festzuhalten, wurde die Kategorie **„Fluchtgründe"** festgelegt.

Es wurde dann eine Kategorie namens **„Gründe für die Einreise nach Deutschland"** erstellt, um die Beweggründe für die Wahl der neuen Heimat festzuhalten.

Ebenfalls wurde eine Kategorie namens **„Persönliche Lage und Gefühle zu Beginn und aktuell in Deutschland"** erstellt, um die Erfahrungen in Deutschland abzubilden. Diese Erfahrungen wurden als wichtig für diese Arbeit betrachtet, da die Erzähler deutlich gemacht haben, wie sie sich am Anfang in Deutschland gefühlt haben, welche Unterstützung sie in der Phase benötigten und wie sie sich heute fühlen.

In diesem Vorhaben stand das Thema „Paarbeziehung" im Vordergrund. Deshalb machten die Interviewpartner Erläuterungen bezüglich ihrer Paarbeziehung. Daher wurde auch eine Kategorie namens **„Paarbeziehung aus der Sicht der Erzähler"** erstellt.

Die Aussagen über die erlebten Hilfen in Deutschland wurden in einer Kategorie namens **„Erlebte Hilfsformen in Deutschland"** festgehalten.

Um die Ideen der Befragten zur möglichen Hilfestellung festzuhalten, wurde auch eine Kategorie namens **„Perspektive für die Zukunft aus der Sicht der Betroffenen"** erstellt.

5. Erkenntnisse aus den Datenauswertungen

➢ **Fluchtgründe**:

Die Befragten haben verschiedene Gründe für ihre Flucht angegeben.

Das Paar, Herr & Frau S, hatte den Wunsch nach einem Leben mit mehr Möglichkeiten und Freiheiten sowie mit einer besseren Zukunft für die Familie. Sie waren der Ansicht, dass sie den Staat im Heimatland nicht ändern könnten. Aber sie hatten die Möglichkeit, eigene Entscheidungen zu treffen und auszuwandern. Ihre Flucht erfolgte nicht aufgrund politischer Aktivitäten, die sie in Lebensgefahr gebracht hätten. Als sie ihr Heimatland verließen, war ihr Ziel ein Neuanfang in einem neuen Land mit mehr Komfort für die Familie.

Herr S sagte, dass er damals im Iran in seiner Lebenssituation ein kleines Geschäft hatte und darin arbeitete. Dieses Geschäft war eine Art Handwerksbetrieb. Gleichzeitig studierte er Management im Iran. Seine Frau war Lehrerin.

Die Stadt hatte keine gute Infrastruktur und es gab keine Zukunftsperspektiven in dieser Stadt für die Familie, obwohl dort Öl und Gas produziert wurde. Die Stadt war im Südiran.

Sie sagten, dass die Einwohner der Stadt keine Anteile von ihren eigenen Bodenschätzen erhalten. Alle Einnahmen fließen in die großen Städte, insbesondere in die Hauptstadt.

Selbst in einer Stadt mit Erdöl, Erdgas, Gold und vielen anderen Schätzen gibt es im Sommer Stromausfälle.

Herr S findet es ungerecht und fragt, warum alle Bürger des Landes nicht gleiche Möglichkeiten haben. Er sagte, dass ein Mensch in dieser Stadt genauso ein Mensch ist wie jemand, der in der Hauptstadt lebt. Warum hat die Hauptstadt alles - die besten Schulen, die besten Universitäten, die besten Straßen, die besten Ärzte und die besten Krankenhäuser.

Die Bewohner seiner Stadt sind auch Menschen. Auch hier, in anderen Teilen des Landes, leben Menschen. Aber sie haben nicht einmal gute Infrastruktur, nicht einmal Strom.

Das ist für die Familie die Grundlage ihre Handlung gewesen. Er fragte sich, wie er etwas verbessern könne, er sei nur eine Person und er könne das Land nicht verändern, aber er könnte die Zukunft seiner Familie in die Hand nehmen. Das ist der Hauptgrund, warum er aus dem Iran nach Deutschland geflohen ist. Er wollte nicht, dass seine Tochter wie die Eltern aufwächst. Bei 50 Grad Hitze soll sie nicht mit einem Kopftuch und einem langen Mantel in die Schule gehen oder auf der Straße sein. Er wollte nicht, dass seine Tochter dasselbe wie er oder seine Frau durchmacht. Deshalb hat die Familie sich dazu entschieden, ihr Schicksal in die Hand zu nehmen und in ein anderes Land zu gehen.

Herr S, B2: *... damals im iran in meiner lebenssituation habe ich ein kleines geschäft gehabt. arbeitete in meinem geschäft. das war privat so art handwerk im iran und andererseits studierte ich auch Managment im iran. das habe ich fast fertig gemacht. meine frau war auch im iran lehrerin. aber außer (...) und dann wollte ich sagen der lehrerin ist im iran nicht so besonderes. so gut bezahlte job in iran (...) wie meine frau gesagt wir waren aus eine kleine stadt aus iran. die stadt ist nicht so besonderes attraktiv. es gibt keine zunkunft in diese stadt. ... obwohl diese stadt eine sehr reiche stadt ist. in der nähe von stadt gibt es viel viel ölquelle erdölquelle erdgasquelle aber wie gesagt in solche länder wie bei uns die kleine städte obwohl sie sehr reich sind (...) aber sie bekommen gar keine teile aus eigene (...) schätze vom boden alle gelder kommen in die große stadt zu der hauptstadt oder andere große städte. deshalb bekommen wir nix. ... warum ich komme nach deutschland. in meine stadt in sommer wird manchmal 50 gerad 55 gerad heiß aber in gleiche zeit in so heiße stadt in so reiche stadt haben wir keine strom. überlegen sie mal 50 gerad plus (...) keine strom. was kann machen mit kleinem kind machen. obwohl wenn man weiß ja okay ich bin in einem armen land. meine land ist arm kann nicht mehr anbieten. das kann man respektieren. aber wenn mein land so reich ist. mein land hat so viele (...) schätze erdöl. wiegesagt erdöl erdgas gold alles und warum muss ich in solche stadt mit viel viele potential so viele schätze im sommer kein strom haben. ich bin auch ein mensch wie dieser mensch der wohnt in der hauptstadt. warum die hauptstadt alles hat beste schule beste uni beste strasse beste ärzte beste krankenhäuser alle beste sportliche einrichtung. (...) sie sind mensch ja. auch hier leben in anderen teilen vom land (...) wir sind auch mensch. aber obwohl (...) haben wir ganz einfache strom nicht. ich und meine familie meine kleine tochter in 50 gerad müssen uns wie vor 2000 jahre vor christus mit hand uns bisschen kühlen. das ist ein grund weiter warum muss ich hier bleiben. ich möchte die zukunft für meine tochter und für mein leben auch verbessern. wie kann ich verbesseren ja okay ich bin eine person ich kann diese staat nicht ändern aber ich kann für meine familie. ich kann die zukunft meiner familie in meiner hand haben deshalb. das ist ein grund der hauptgrund für meine flucht aus dem iran nach deutschland. ich möchte wenn meine tochter groß wird nicht in 50 gerad wärme hitze mit kopftuch oder mit so einem großen mantel in schule sein oder in der strasse sein. in einer schule ohne strom. deshalb ich möchte nicht meine tochter wie ich wie (...) damals ich oder meine frau weiter so werden. deshalb habe ich mich so entschieden mit meiner familie wir nehmen unsere (...) schiksal in die hand und gehen wir in anderes land. versuchen wir unsere leben in einem land mit besserer möglichkeit (...) wieder von vorne aufbauen. das war es ...* (das Paar S, der Ehemann, Abs. 7).

Frau N hat mit ihrem Ehemann und ihren Kindern das Land verlassen, um einen positiven Einfluss auf die Zukunft ihrer drei Töchter zu nehmen.

... grund der auswanderung war die bessere zukunft für die töchter ... (Frau N, Abs. 4).

Frau H hat aufgrund der politischen Aktivitäten ihres Ehemannes mit den Kindern das Land verlassen und später schloss sich ihr Mann ihnen an. Frau H befürchtete, dass sie auch in Gefahr war.

Ihr Mann war im Gefängnis und war zunächst zum Tode verurteilt. Dann erhielt er eine fünfzehnjährige Haftstrafe durch Bestechung. Zu der Zeit wurden auch Fragen über Frau H im Gefängnis gestellt. Da ihre Schwester in Schweden lebte, wollte ihr Mann, dass sie ebenfalls dorthin geht. Er sagte, dass dieser Regierung nicht zu trauen sei, daher sollte sie mit den Kindern das Land verlassen. Das war der Grund für die Auswanderung.

... mein mann war im gefängnis und wurde verurteilt hinrichtung. dann mit bestechung 15 jahre gefängnis. er sagte damals dass im gefängnis auch über mich fragen gestellt worden sind. da meine schwester in schweden lebte wollte er dass ich auch zu ihr gehe. er sagte dass diese Regierung nicht vertrauenswürdig sei und deshalb soll ich mit den Kindern aus dem land gehen. das war der grund für die auswanderung ... (Frau H, Abs. 44).

Frau M und ihr Mann sind wegen politischer Probleme ausgewandert. Sie kamen nach Deutschland, weil ihre Kinder hier lebten.

Sie sagte, dass die Familie nach dem Iran-Irak-Krieg aus ihrer Heimatstadt „X" (eine Stadt im Südiran) weggezogen war und hatte alles verloren. In dem neuen Wohnort hatten sie Probleme mit der Regierung bekommen. Sie hatte über politische Gruppierungen im Iran gesprochen und deshalb bekam sie Probleme mit dem Schulamt. In dieser Zeit hatte auch ihr Mann Schwierigkeiten. Ihr Mann wurde im Gefängnis mit dem Todesurteil "Hinrichtung" verurteilt und niemand hat ihr damals im Iran geholfen. Sie mussten einen Neuanfang machen. Die Tochter hatte an der Universität Schwierigkeiten. Sie ist nach Deutschland geflohen und beantragte in Deutschland Asyl. Frau M hatte zwei Söhne in Deutschland. Aus ihrer Sicht schützt das Gesetz den Menschen in Deutschland. Hier gelten andere Bedingungen. Deshalb kamen sie auch nach Deutschland.

> *... aus (X) nach dem krieg (iran irak krieg) woanders (X) gekommen. alles verloren. musste neu anfangen. die Tochter hatte an der uni probleme. ist hier gekommen und asyl beantragt ... ich hatte zwei söhne hier ... hier kann man als mensch zu sich finden. das gesetz beschützt den menschen. hier herrschen andere bedingungen ... ich habe etwas über die politische gruppierungen im iran gesagt und deshalb hatte ich ärger mit dem schulamt. in der Zeit hatte mein mann auch probleme. mein Mann war im Gefängnis und hat das urteil „hinrichtung" bekommen. niemand hat mir in der zeit im iran geholfen ... dann war ich hier ...* (Frau M, Abs. 2).

Frau T hat das Land aufgrund der politischen Lage zusammen mit ihrem Sohn verlassen und später kam ihr Mann dazu.

Sie erzählte, dass sie verheiratet war und mit ihrem Mann einen kleinen Sohn hatte, als es in ihrem Land für sie zu eng wurde. Sie mussten das Land verlassen. Zuerst schaffte sie es, mit ihrem Sohn nach Deutschland zu kommen. Anfangs wollten sie eigentlich irgendwohin, zum Beispiel nach Kanada, aber zum Schluss blieben sie in Deutschland. Sie waren hier und nach einiger Zeit kam auch ihr Mann dazu.

> *... wie soll ich erzählen wir waren verheiratet. wir hatten ein drei jähriges noch nicht mal drei jahre alten sohn als uns dort so eng wurde und wir mussten das land verlassen. dann hab ich zuerst geschafft mit meinem sohn nach deutschland zu kommen. anfang an wollten wir irgendwo zum beispiel Kanada oder irgendwo anders nicht deutschland. aber auf einmal waren wir in deutschland gelandet und die kleine dinge brauche ich nicht zu erzählen. wir waren hier paar monate. dann kam mein man dazu ...* (Frau T, Teil 1, Abs.2).

Frau L hat das Land verlassen, weil ihr Mann das Land verlassen musste. Sie dachte, dass es für sie und das Kind in einem anderen Land besser sei, als im Iran zu bleiben. Sie sagte, dass der Mann das Land verlassen musste und ging in die Türkei. Später kamen sie und ihr Sohn zu ihm und schließlich kamen sie gemeinsam nach Deutschland. Sie gingen davon aus, dass es für sie und das Kind im Iran keine Zukunft gab. Das Ausland schien für das Kind eine bessere Option zu sein.

> *... der mann musste das land verlassen. kam in die türkei und dann kamen wir Sohn und ich zu ihm und dann nach deutschland. er musste raus und ich dachte auch was wollen wir im Iran. ausland ist besser auch für unser Kind ...* (Frau L, Abs. 40 & 46).

Frau Y und ihr Mann kamen aufgrund politischer Aktivitäten nach Deutschland. Zuerst lebten sie im Iran in verschiedenen Städten und führten ein Leben als Flüchtling in Anonymität im Iran, bis sie verraten wurden. Ihr Mann wurde ins Gefängnis gesteckt. Aber er konnte fliehen. Nach seiner Flucht verließen sie schließlich das Land. Sie waren zuerst in der Türkei. Dort bereiteten Schlepperbanden alles für ihre Reise nach Deutschland mit gefälschtem Visum vor.

... nicht zehn monaten nach unserem heirat war mein mann wegen der politischen gründen verhaftet worden. er ging ins gefängnis. ca. ein jahr war er im Gefängnis ... stellten wir fest ... mein mann (X) das ist sein name aus dem gefängnis geflohen ist und ist bei (Y) zuhause ... ging ich zusammenfassend dahin ... unerkannt aus der stadt (X) raus kommen ... mir ging es sehr schlecht ... wir sind mit den leuten mit falschen namen raus über die grenze. dann haben die leute gesagt sie haben eine möglichkeit sie können uns nach paris bringen. wir sind in die türkei gekommen. damals kamen die iranische studenten ins hotel und halfen die flüchtlinge. sie machten falsches visum. einer ging nach holand. Jemand ging nach österreich und wir nach deutschland ... (Frau Y, Abs. 2+4).

Frau A und ihr Ehemann verließen das Land, weil sie im Ausland leben wollten. Sie wollte etwas Neues erleben. Das Leben in ihrer Heimat kam ihr eintönig vor. Sie sehnte sich nach einer neuen Umgebung. Sie gab an, während des Asylverfahrens gelogen zu haben, um eine Asylanerkennung zu erhalten. Die Gesetze und Behörden zwingen Menschen, unehrliche Angaben zu machen, um in Deutschland leben zu dürfen. Das Lügen belasstete das Paar schwer und führte zu Streit und Diskussionen zwischen ihnen. Sie hatten im Iran alles verkauft, um auszureisen und hatten nichts mehr. Ihr Ziel war ursprünglich nicht in Deutschland zu bleiben. Als sie in Deutschland einen Zwischenstopp gemacht haben, haben ihren Bekannten ihnen geraten, in Deutschland zu bleiben. Um in Deutschland Asyl zu bekommen, mussten sie politisch verfolgt sein, weshalb sie hinsichtlich ihrer Angaben zu Fluchtgründen bei Behörden unehrlich waren.

... in wirklichkeit hatte ich den wunsch nach ausland zu kommen als ich noch single war und warum wollte ich nach ausland aufgrund von gehörten aussagen über ausland. ich wusste ansonst gar nichts über hier. X (Name vom Ehemann) wollte auch im ausland leben. er hatte ein zweimal auch vergeblich versucht gehabt. er wollte nach schweden oder england. ich wollte nach australien. dann (...) klappte nicht. dann habe ich nicht so ernst genommen. vielleicht wenn ich sehr ernst genommen hätte hätte klappen können. damals kam eine verwandtschaft von ihm nach schweden und er wollte sehr gerne auch zu ihnen kommen. dann ist das so geblieben bis wir geheiratet haben. kind bekamen. da war ich fast 30 jahre alt. da kam ein naher freund von uns hier und hier geblieben. wir haben irgendwann miteinander gesprochen und haben gesagt kannst dich daran erinnern wollten nach ausland kommen und im ausland leben. wenn wir jetzt in diesem al-

ter schaffen und auswandern haben wir. sonst bleiben wir für immer hier. was mich im iran zum leiden brachte war mein eintöniges leben. ich war müde von dem leben da. alles da war mir bekannt. ich wusste alles. da gehst zum besuch. da kommt er. das sagt sie und das passiert dann. ich wollte was neues haben. ich kannte alle im stadtteil ... ich wollte eine neue umgebung. wollte neues kennen lernen. habe gesagt 30 jahre habe ich mit dieser sprache kultur und leute gelebt. nun habe ich die chance wohin zu gehen und etwas neues kennen lernen einige jahre meines lebens woanders leben ich wollte sehr das ... (Frau A, Abs. 76) ... die wahrheit ist dass was wir den behörden mitgeteilt haben mit der flucht usw. war nicht so. wir wussten nichts als wir nach ausland hier kamen. hier erkannten wir was die sache ist. wir müssen das und jenes sagen ansonsten dürfen wir hier nicht bleiben (...) am anfang sagen sie dir komm sag diese da wenn du das nicht sagst kannst du nicht bleiben. gut für mich dass die entscheidung getroffen hat hier zu bleiben und hier zu leben entweder muss ich zurückgehen oder muss ich lügen und eine starke streiterei zwischen X (der Name vom Mann) und ich das war wir waren uns einig dass wir aus dem iran rausgekommen dass wir nicht mehr lügen und nun kommen wir hier und müssen als erstes lügen um bleiben zu können. das war ein großer last für uns und wir hatten stundenlang diskussionen darüber ob wir lügen sollen oder zurückgehen. da hatten wir alles verkauft gehabt alles war weg. das heißt wir sind so gekommen um für immer hier zu bleiben. wir hatten so ein bild über das leben hier nicht (...) dann am ende haben wir entschieden zu lügen um hier zu bleiben ... (Frau A, Abs. 78).

Frau G wollte in einem Land leben, in dem es mehr Freiheit gibt. Das wollte sie sowohl für sich selbst als auch für ihren Sohn haben. Außerdem wünschte sie sich, im Leben mehr zu erfahren.

... das war eine wille von mir und nicht von meinem mann. das wollte ich dass in einem land wo freiheit gibt leben und auch wollte ich nicht mein kind so sehen in zwanzig dreißig jahren wie die männer in iran ... ja ich wollte mehr freiheit und ich wollte mehr erfahren im meinem leben ... (Frau G, Abs. 352 + 390).

> ➢ **Gründe für die Einreise nach Deutschland**

Es gibt verschiedene Gründe für die Einreise nach Deutschland. Die Befragten haben unterschiedliche Motive angeführt.

Das Paar, Herr & Frau S, wollte lediglich ins Ausland kommen, um bessere Lebensbedingungen zu finden. Ihnen war es egal, wohin es ging. Hauptsache, sie konnten dem Iran entkommen. Die Schlepper haben ihnen gefälschte Pässe mit falschem Visum und dergleichen besorgt und so sind sie direkt aus dem Iran mit viel Angst nach Deutschland geflogen.

Frau S, B1: *... wir sind mit flugzeug direkt aus dem iran nach deutschland //I: mit falsche papier// mit falschem papier. ja weil man so einfach nicht zu deutschem konsulat gehen kann drei person sagen ja wir wollen nach deutschland. die haben bestimmte gesetze. na dann natürlich mussten wir mit falschem pass falsche visum falsche papiere alles falsch na wir waren niemals in konsulat schlepper hat alles gemacht na dann natürlich große angst haben wir gehabt ganze zeit gezittert ... ich wollte unbedingt nicht nach deutschland AUßERHALB IRAN EGAL (lacht) natürlich ein land genauso wie deutschland aussuchen oder bessere bessere nein aber ja unbedingt ...* (das Paar S, Ehefrau, Abs. 96 + 103).

Frau N hat in Deutschland eine Schwester. Deshalb wollte sie hierher kommen, obwohl ihre Schwester ihr davon abgeraten hatte. Sie wollte nicht in die Nachbarnländer ihrer Heimat auswandern, weil diese kulturell wie ihre Heimat, der Iran, sind. Sie suchte ein Land mit mehr Freiheit für Frauen, besonders für ihre Töchter. Deshalb verkaufte sie alles und kam mit ihrer Familie nach Deutschland. Bis heute denkt sie, dass dies eine gute Entscheidung war. Sie hat immer noch ein gutes Gefühl, wenn sie daran denkt. Sie hat alles unternommen, um auf jeden Fall hier zu bleiben.

... meine Schwester war hier und sie schrieb mir wenn du hier kommst bist du arm daran ... ich wollte kommen. egal was sein konnte habe mit meinem Mann gesprochen ... alles verkauft und hier gekommen. wollte nie mehr zurück. seitdem habe ich alles gemacht und auch für andere unbedeutende Schritte aber für mich von bedeutung ... wenn wir da geblieben wären wäre mein Leben ganz anders. wenn ich denke habe ein gutes gefühl diese schritt gemacht zu haben ... ich kannte in den anderen ländern weniger und die nachbarländer sind kulturell wie Iran. wegen der töchter musste ich ein land was frei ist und hier waren verwandten. ein Land das frei ist und die frauen ohne ärger ... (Frau N, Abs. 18 + 30).

Frau H war zunächst aus dem Iran in die damalige Sowjetunion (UDSSR) geflohen. Während der kommunistischen Zeit gab es dort Unterstützung für Flüchtlinge. Dann musste sie die UDSSR aufgrund politischer Veränderungen verlassen, da sie nach dem Umbruch keine Unterstützung mehr erhielt. Das Leben wurde für die Ausländer dort schwierig. Während des Umbruches in der UDSSR war sie bei ihren Freunden in Berlin. Diese rieten ihr, schnell von dort wegzukommen. Da sie Freunde in Deutschland hatte, kam sie mit ihren Kindern nach Deutschland. Zuerst war sie in Stadt X (der erste Ort in Deutschland) und dann in Stadt Y (der zweite Ort in Deutschland). In Stadt Y stellte sie den Antrag auf Asyl.

ja in der Zeit (...) wo ich in Moskau war und studierte gab es veränderung in udssr so dass das udssr-system auseinander brach (...) es gab viele veränderung. der Aufenthalt von ausländer in udssr insbesondere in moskau wurde sehr schwierig. sie schenkten keine Beachtung. es gab demonstrationen in der Zeit. von gorbatschow gab es viele veränderungen und diese veränderungen haben viel mein leben und von den kindern beeinflusst. es gab die hilfen die das kommunistische system vorher gab nicht mehr und ich musste udssr verlassen. ich hatte eine reise nach berlin. ich war bei meinen freunden und sie haben mir gesagt dass die veränderungen in udssr sehr schnell passieren werden und es ist besser dass ich das land verlasse. ich bin mit den kindern nach X (der 1.Ort in Deutschland) gekommen und von da aus nach Y (der 2.Ort in Deutschland) und da habe ich asyl beantragt und da geblieben ... (Frau H, 2. Interview, Abs. 48).

Frau M kam mit ihrem Ehemann nach Deutschland, da ihre Kinder hier bereits als Flüchtlinge lebten. Sie fand, dass die Menschen in Deutschland durch Gesetze geschützt werden und die Lebensbedingungen besser sind. Im Iran erhielt sie keine Hilfe, während es hier Unterstützung gab.

... die tochter hatte an der uni probleme ist hier gekommen und asyl beantragt ... ich hatte zwei söhne hier und kam immer wieder zum besuch ... hier kann man als mensch zu sich finden. das gesetz beschützt den menschen. hier herrschen andere bedingungen ... niemand hat mir in der zeit im iran geholfen ... dann war ich hier ... (Frau M, Abs. 2).

Frau T hatte ursprünglich nicht geplant, nach Deutschland zu kommen. Sie hatte vor, nach Kanada oder anderswo auszuwandern. Zufälligerweise landete sie in Deutschland. Dann kam ihr Ehemann dazu. So blieb die Familie in Deutschland.

... wie soll ich erzählen. wir waren verheiratet. wir hatten ein drei jähriges noch nicht mal drei Jahre alt ein Sohn als uns dort so eng wurde und wir mussten das Land verlassen. dann hab ich zuerst geschafft mit meinem sohn nach deutschland zu kommen. anfang an wollten wir irgendwo zum beispiel kanada oder irgendwo anders nicht deutschland. aber auf einmal waren wir in deutschland gelandet und die kleine dinge brauche ich nicht zu erzählen. wir waren hier paar monate. dann kam mein mann dazu ... (Frau T, Teil 1, Abs.4).

Frau L erzählte, dass sie zuvor erfahren hatten, dass das Asylverfahren in Deutschland einfacher als in anderen europäischen Ländern ist und deshalb kamen sie nach Deutschland.

... gut weil gesagt wurde dass man in deutschland zwischen allen europäischen ländern einfacher im asylverfahren hat. wir wussten wenn wir in den anderen ländern hingehen ein wenig die asyl-

sache schwerer ist als in deutschland. deshalb sind wir nach deutschland gekommen. anderer grund hatte ich nicht ... (Frau L, Abs. 50).

Frau Y sagte, dass sie das Aufnahmeland nicht gezielt ausgewählt hatten. Die Helfer in der Türkei hatten alles für das Paar organisiert. Sie hatten für das Paar alles so geregelt, dass es nach Deutschland einreisen konnte. Sie gingen davon aus, dass sie schnell wieder in die Heimat zurückkehren würden.

... wir sind mit den leuten mit falschen namen raus über die grenze. dann haben die leute gesagt sie haben eine möglichkeit sie können uns nach paris bringen. wir sind in die türkei gekommen. damals kamen die iranische studenten ins hotel und halfen die flüchtlinge. sie machten falsches visum. einer ging nach holand. Jemand ging nach österreich und wir nach deutschland ... die ersten Jahren waren sehr schwer. ich wollte kein asyl. ich war in einer anderen welt. ich sagte nächstes jahr ist das regime gestürtzt. wir gehen zurück. warum sollen wir asyl beantragen auf keinen fall ... (Frau Y, Abs. 4).

Frau A erzählte, dass sie ursprünglich woanders leben wollte. Ihr Ziel war es, nach England zu fliegen. Jedoch blieben sie in Deutschland, da sie Angst vor Gefahren bei der Weiterreise hatte. Ein Bekannter riet ihnen, in Deutschland zu bleiben und den Asylantrag zu stellen.

... ehrlich gesagt hatten wir nicht vor nach deutschland zu kommen. wir sind nach deutschland gekommen um weiter nach england alle drei zusammen. der schlepper sagte sie müssen allein oder ich weiß nicht mehr mit meiner tochter und meinem mann nach belgien und von da aus kann er uns in einem Container nach england bringen da die verwandten von meinem mann in england lebten. gut es war sehr schwer. das heißt die entscheidung zu treffen. ob überhaupt gehen war schwer. ein alter freund von meinem vater war hier. ich habe ihn kontaktiert. er sagte wenn du gekommen bist um asylantrag zu stellen stelle den hier da auf der strecke bis da könntest du vieles verlieren. etwas dir oder dein kind oder deinem mann zustoßt oder der schlepper bringt euch gar nicht hin. bleibe hier wo du bist und stelle den antrag. deshalb haben wir uns entschieden hier zu bleiben (Frau A, Abs. 80).

Frau G erzählt, dass die Flucht für die Familie einfach war. Sie sind direkt nach Deutschland geflogen. Für die Auswahl des Aufnahmelandes wurde kein Grund genannt.

... die flucht eigentlich war für mich und meinen mann für uns und auch mein kind nicht so schwer. wir sind mit dem flugzeug geflogen und wir waren dann hier ... (Frau G, Abs. 354).

> ## Persönliche Lage und Gefühle zu Beginn und aktuell in Deutschland

Die Erfahrungen der Befragten sind sehr unterschiedlich. Um einen Einblick zu gewähren, sind unten einige Zitate zu lesen:

Das Paar, Herr & Frau S, erzählte, wie schwer die erste Zeit in Deutschland ohne Sprachkenntnisse war. Herr S. berichtete, wie schwierig es war, ohne Deutschkenntnisse andere Menschen zu verstehen oder eine Zeitung zu lesen. Der Versuch, ohne Unterstützung auf eigenen Beinen zu stehen, ist sehr herausfordernd. Er erzählte, wie das Paar sich schrittweise integrierte. Durch das Sozialamt konnte er eine Helfertätigkeit an einer Schule finden und seine Frau lernte eine Nachbarin kennen, die türkisch sprach. Auf diese Weise lernten sie, in Deutschland zu leben.

Die Ehefrau erzählte, wie sie anfangs im Asylantenwohnheim Essen und Taschengeld erhielten. Sie thematisierte die Angst vor einem neuen Asylantenheim nach dem Transport aufgrund der Menschen im Heim und der problematischen Hygiene im Heim.

... erste zeit war für uns sehr sehr schwer weil wir in ein ganz fremdes land waren. wir wissen überhaupt nicht sprache. wir wissen überhaupt nicht wie kann man reden. wie kann man hören. wenn wir eine brief aus der amt egal wo bekommen da müssen wir eine stunde sitzen mit wörterbuch wörter und wörter raus holen. dann am ende wissen was steht darauf in der brief. das war eine harte zeit von uns ... wir waren alleine. für uns war klar wir müssen auf unsere beine stehen. es gibt hier niemanden ... ich sage immer sprache weil die sprache ist sehr sehr wichtig für uns. wenn man will eine fremde land leben das muss erste mal sprache lernen und das war für mich bisschen schwer weil wenn ich in der öffentlichkeit unterwegs bin die leute reden miteinander. ich kann überhaupt nicht verstehen. was sie sagen. dann ich sehe eine zeitung. ich liebe zeitung zu lesen. ich möchte eine zeitung lesen aber ich konnte nicht verstehen was bedeutet ein kleines wort ... dann langsam langsam ich habe eine arbeit gefunden. das war arbeit vom sozialamt. da habe ich in einer schule gearbeitet alles helfe für die hausmeister für schule und meine frau auch langsam langsam eine nachbarn gefunden ... in der laufendenen zeit langsam langsam verstehen wir was bedeutet deutschland z.B. wenn man krank wird wo muss man gehen. wo ist die allgemeine arzt. wo ist die zahnarzt. das system von deutschland. leben in deutschland langsam langsam haben wir gelernt ... (das Paar, der Ehemann, Abs. 2).

... erster monat in deutschland waren wir in einer stadt in einem heim. das war (...) für einen monat. das na //B1: ja// aber innerhalb dieser einem monat haben wir alles vom heim bekommen. essen frühstück drei mahlzeiten und dann wäsche waschen. alles wurde organisiert na. dann haben wir monatlich taschengeld bekommen. aber wir haben gewusst na. das ist nicht für immer na. dann wir werden bald transportiert. nachdem ein monat wir wurden transportiert in der wir solange leben mussten. dort haben wir diese kleine stadt. das mein mann erzählt hat. wir haben

eine kleine wohnung mit zwei zimmer bekommen. das war sehr schöne Wohnung. ich vergesse niemals. diese wohnung schöne erinnerungen habe ich. natürlich das war klein und dann in einem kleinen ort. aber besser als heim. weil wir große angst hatten nach dem transport nochmal in ein heim kommen. wie können wir damit klar kommen. so die hygienische sache kontakt mit neuen leuten. natürlich wir haben alles vorbereitet na. mit viele leute kontakt zu haben aber das war nicht einfach. wir haben glück gehabt. eine kleine wohnung bekommen und dann (...) wir mussten alles selber organisieren. einkaufen kochen putzen waschen alles wir haben selber organisiert ... (das Paar, die Ehefrau, Abs. 13).

Frau N sagte, dass sie in der Anfangsphase in Deutschland Angst vor Verantwortung hatte und krank wurde. Sie fürchtete Fehler zu machen, da die Personen in ihrer Umgebung ihr Vorwürfe gemacht hätten. In der Familie erwarteten die Kinder und ihr Ehemann ständig etwas von ihr. Sie konnte sich keine ausreichende Zeit für das Erlernen der Sprache nehmen. Sie hatte das Gefühl, dass ihr Ehemann absichtlich regelmäßig warmes Essen verlangte und Gäste einlud, um sie davon abzuhalten, Fortschritte zu machen. Trotzdem versuchte sie, eine Ausbildung zu absolvieren.

Aus ihrer Sicht haben die Flüchtlinge heutzutage durch die neuen Medien viel einfacher Zugang zu allem bekommen. Im Gegensatz zu früher können sie über Internet viele Informationen erhalten, sich vernetzen und Übersetzungsprogramme nutzen.

Sie hält gute Sprachkenntnisse für das Leben in einer Gesellschaft nach wie vor für sehr wichtig.

Zuerst sogar vor Angst krank geworden. angst vor viel verantwortung ... falls ich ein Fehler machen stehen alle da um mich mit ihren krallen zu zerreißen. deshalb habe ich angefangen die sprache zu lernen als sich mir eine chance angeboten hat. ich konnte nicht so intensiv mich mit der sprache befassen wie die anderen als ich zuhause war meine kinder wollten was mein mann wollte was. er hat Besuch organisiert. warmes essen verlangt ... ich müsste mit streit und ähnliches neue angewohnheiten herstellen. einmal warmes essen am tag ... es hat viel energie kraft mühe gekostet. bis einige kleine veränderungen ich durchsetzen konnte. zuerst ging ist zum sprachkurs. dann bin ich zum arbeitsamt gegangen und habe gesagt dass sie seit vier jahren mir keine arbeitserlaubnis geben. ich bin hier gekommen um zu arbeiten. wenn sie mich zuhause setzen werde ich krank. sie sagten bis zu vier Jahren darf ich nur arbeiten wenn ich selbst einen arbeitgeber finde. dann habe mich mit meiner schwester die inzwischen gestorben ist beraten lassen. wir dachten an Friseur. dann habe ich jemanden gefunden und bin zum arbeitsamt gegangen. sie sagten ich muss ein Jahr zur schule gehen. ich sagte meine sprachkenntnisse sind nicht ausreichend. sagten sie ich kann abendkurs belegen. habe alles gemacht und dann mit der arbeit begonnen ... die heutzutage nach deutschland kommende haben ständig computer telefon und

können über diese technischen möglichkeiten alles übersetzen. wir hatten so was nicht. ein wör-
terbuch haben wir gehabt. heute ist alles viel einfacher und sprache ist sehr wichtig ... (Frau N,
Abs. 22 + 41).

Frau H erzählte, dass sie nach nur zwei Monaten als Asylberechtigte anerkannt wurde und anschließend in ihrem aktuellen Wohnort zunächst bei Freunden und danach in einer eigenen Wohnung lebte. Sie fand schnell eine Beschäftigung, da sie sich gut um die Kinder kümmern und sich in die deutsche Gesellschaft integrieren wollte. Außerdem gründete sie eine Frauengruppe und arbeitete mit anderen Frauen. Sie verbrachte viel Zeit außerhalb des Hauses und hatte dabei viel Stress. Sowohl körperlich als auch seelisch fühlte sie sich schwach, aber sie wollte außerhalb des Hauses sein.

... am anfang war ich ein paar monate in X (der 1.Ort in Deutschland). damals als man nach euro-
pa bzw. deutschland kam musste seine lebensbiographie erzählen. dann wurde sein anliegen be-
arbeitet. ich wurde nach zwei monaten als asylberechtigte anerkannt und habe einen blauen pass
bekommen. nach X (Wohnort) gekommen. zwei monate bei freunde unter gekommen und dann
eine wohnung von stadt bekommen. habe in einem hotel gearbeitet damit meine kinder finanziell
keine lücken haben. habe mit einige iranische frauen eine gruppe unter frauen-organisation ge-
bildet und mit ihnen gearbeitet. körperlich war ich schwach. aber ich wollte diese aktivität haben.
ich habe viel Zeit mit frauen verbracht. da ich wenig wie möglich zuhause sein wollte. ich war kör-
perlich und seelisch unter stress ... ich wollte immer arbeiten. will in der deutschen gesellschaft in-
tegriert werden. habe drei jahre vom arbeitsamt in einem altenkrankenhaus als betreuungskraft
pflegerin gearbeitet ... war viel aus dem Haus ... (Frau H, Abs. 73f.)

Frau M hatte ihre Kinder bereits in Deutschland und war vor der Flucht mehrmals zu Besuch bei ihnen gewesen. Sie hatte eine posivite Meinung von Deutschland und glaubte, dass hier die Menschenrechte beachtet werden. Als sie und ihr Mann Probleme bekamen, entschieden sie sich, nach Deutschland zu kommen. Sie hat sich in Deutschland verändert. Sie hatte Angst, dass ihr Leben erneut zusammenbrechen könnte. In der Anfangsphase war sie aktiv und passte sich auch an. Es gab auch in der Zeit viele Meinungsverschiedenheiten mit dem Ehemann.

... die tochter hatte an der uni probleme ist hier gekommen und asyl beantragt ... ich hatte zwei
söhne hier und kam immer wieder zum besuch für 20 Tage einen monat hier. hier kann man als
mensch zu sich finden. das gesetz beschützt den menschen. hier herrschen andere bedingungen ...
ich habe etwas über den politischen gruppierungen im iran gesagt und deshalb hatte ich ärger
mit dem schulamt. in der zeit hatte mein mann auch probleme. mein mann war im gefängnis und

Inwiefern beeinflussen die Flucht und ihre Folgen die Paarbeziehungen von Flüchtlingspaaren?

hat das urteil hinrichtung bekommen. niemand hat mir in der zeit im iran geholfen ... dann war ich hier. habe gesehen dass hier obwohl sie nicht meine leute sind meine religion nicht haben ... passen so auf meinem kind ... wusste ich dass ich in einem land bin das gesetz hat und die rechte der menschen beachtet ... so habe ich die panzer um mich fallen lassen und mich verändert ... ich hatte angst dass mein leben wieder zusammenbericht ... hier dann flüchtling. war aktiv ... habe mich angepasst ... viele male gab es meinungsunterschiede ... er war kein mensch der nachtragend ist ... und ich bin auch mild. ich sage immer die menschen haben gute seiten und haben auch besondere charakter ... ich bemühe mich die positiven seiten zu sehen. damit wenn sie was schlechtes machen das optimal ihnen verständlich machen ... so dass dieser nicht ärgerlich wird. aber das tut was von mir gewünscht wird ... (Frau M, Teil 2, Abs. 2ff).

Frau T sprach über ihre Erfahrungen im Asylantenheim. Sie berichtet, dass, wenn eine Frau ohne männliche Begleitung in einem Asylantenheim mit Menschen unterschiedlicher Nationalitäten lebt, zeigen Männer Interesse an ihr. Sie führte ein Beispiel an, bei dem ein farbiger Mann mehrmals in ihr Zimmer kam. Sie war zu dieser Zeit mit ihrem Kind im Heim untergebracht. Er drängte darauf, mit ihr zu schlafen. Sie schilderte weitere Beispiele, die zeigen, dass die Frauen in den Wohnheimen nicht sicher sind.

Zusätzlich gab es kriminelle Aktivitäten wie der Verkauf vom Diebesgut. Sie betonte auch, dass das Leben in einem Heim Auswirkungen auf Kinder hat. Obwohl sie heute zufrieden ist, verspürt sie auch Sehnsucht. Da ihre Kinder in Deutschland aufgewachsen sind, sind sie stärker europäisch geprägt. Sie fühlt sich allein, obwohl sie in Deutschland arbeitet und integriert ist. Sie fühlt sich benachteiligt. Insbesondere war die Anfangsphase mit ihrem Kind allein sehr schwer. Ohne die Sprache zu beherrschen, ohne jemanden zu kennen und ohne Vertrautheit mit der neuen Gesellschaft und Umgebung zu haben, war es für sie äußerst schwierig. Sie fühlte sich wie in einem Vakuum.

... im heim viele viele schlimme und schreckliche dinger es gab verschiedene leute von verschiedene nationalitäten von verschiedene länder und viele männer wenn die eine alleinfrau sehen da wollen etwas und ein iraner ganz schlimm ganz ganz schlimm (...) und einmal war ich mit meinem kind in meinem zimmer und kam ein ganz schwarzer. zwei meter hoch nee nachtschwarz. da kam. machte die tür auf und sagte ich konnte kein deutsch kein wort und er konnte auch nicht. aber schlafen konnte er und da sagte schlafen zu mir. da dachte ich was soll ich machen jetzt mit diesem GHUL ... zwei meter vielleicht auch länger. ein schwarzer mann wie die nacht schwarz sagt komme mit dir schlafen. das ist schrecklich ... ein iranischer mann nochmals machte mit dem kind radfahren. weiß ich nicht gab ihm schokolade usw. plötzlich sah ich kam er ins zimmer. ich sah dass seine verfassung nicht gut ist. habe ein vorwand gesucht. es gab noch eine iranische frau

64

etwas weiter im heim. dieses heim war in einem abgelegenen ort. es war mal ein kloster. ich weiß nicht wo das war. alles war kaputt ruine roch schlecht (...) dann kam diese herr. ich sah anscheinend hat er erwartungen möglicherweise ... dann zum beispiel schlepper waren da. kamen brachten gestohlene sachen. sie gingen die polizei kam. es gab feuer dort. das alles das kind da. mit dem kind das ist sehr schwer. das heißt diese haben auswirkungen auf ein kind das erst drei jahre alt ... zufrieden aber sehnsucht nach heimat gibt es immer noch. ich bin zufrieden aber fühle ich mich allein weil die kinder sind auch hier aufgewachsen und die sind irgendwie europäisch geprägt worden deutsch geprägt worden (lacht) ... jetzt kenne ich viele dingen einigermaßen die sprache. ich bin in der gesellschaft. ich habe viele tätigkeiten. ich auch mit deutsche iranische frauen auch sitzungen haben. wir verschiedene sachen und ich arbeite drei tage in der woche und ich fühle mich anerkannt. aber trotzdem ich fühle mich benachteiligt weil nicht wegen hier wegen meine ganze geschichte. ich sollte jetzt als eine rentnerin anerkannt sein und mein leben so zu sagen das wort genießen. möchte ich nicht zu viel erwähnen (lacht) aber (...) keine ahnung ich fühle das ... (Frau T, Teil 2, Abs. 192ff.) ... anfangsphase natürlich mit einem kleinen kind allein ganz schwer. ganz ganz schwer und alles ist neu. man weiß nicht. man kennt sogar keine buchstaben und irgendwie man fühlt sich wie in vakuum. überhaupt ist verpeilt. weiß nicht was ist passiert wo ist man. was bin ich. wer bin ich. wo bin ich. was ist was. wie ist es unbeschreiblich ... (Frau T, Teil 2, Abs. 180) ... zufrieden aber sehnsucht nach heimat gibt es immer noch ich bin zufrieden aber fühle ich mich allein weil die kinder auch hier aufgewachsen sind und die sind irgendwie europäisch geprägt worden deutsch geprägt worden (lacht) (Frau T, Teil 2, Abs. 194) ... zum anfang //ja// kaum zum vergleichen jetzt kenne ich viele dingen einigermaßen die sprache ich bin in der gesellschaft ich habe viele tätigkeiten ich habe mit deutsche iranische frauen auch sitzungen wir habeen verschiedene sachen und ich arbeite drei tage in der woche und ich fühle mich anerkannt aber trotzdem ich fühle mich benachteiligt weil nicht wegen hier wegen meine ganze geschichte ich sollte jetzt als eine rentnerin anerkannt sein und mein leben so zu sagen das wort genießen möchte ich nicht zu viel erwähnen (lacht) aber (...) keine ahnung ich fühle das (hagham ziyad khordeh shod) [viele meine rechte wurden verletzt] so einfach (ama in hast madjmouan khoube) [aber das ist insgesamt okay] (Frau T, Teil 2, Abs. 194).

Frau L berichtete, dass die Anfangsphase im Heim für sie aufgrund der mangelnden Hygiene und des Essens besonders schwer war. Die Bedingungen im Heim waren herausfordernd. Die Ungewissheit über die Entwicklung in dieser Phase - „Was wird passieren? Wie lange müssen wir im Heim bleiben?" – verursachte ihnen Sorgen. Ein weiteres Problem war das Zusammenleben zu dritt in einem kleinen Zimmer. Es gab ständige Streitigkeiten und Gewalt in der Partnerschaft.
Sie waren in einem kleinen Ort untergebracht, wo es sehr ruhig war. Sie empfand die Situation damals als sehr schrecklich und schwer.

Der Ort war schmutzig. Die Gegenstände in der Unterkunft waren beschädigt. Die Bewohner erhielten Essen. Ihr Kind mochte das Essen im Heim nicht. Sie durften selbst nicht kochen. Dennoch besorgten sie heimlich Lebensmittel und kochten. Sie kochten trotz Verbot und luden sorgar aus Mitgefühl andere Leute zu sich ein.

Das Heim war eine ehemalige Kaserne aus der Kriegszeit und verfügte über keine eigene Küche. Die Bewohner mussten in der Kantine essen. Je nach Verfügbarkeit wurden die Familien, Paare und Singles untergebracht.

Es gab Streitigkeiten unter den Bewohnern, weil einige die Hygienemaßnahmen (schmutzige Duschräume und Toiletten) nicht einhielten. Dies führte zu Konflikten.

Alle Bewohner waren Zeugen der Auseinandersetzungen, einschließlich der Streitigkeiten zwischen Paaren.

Frauen und Mädchen wurden belästigt. Sie wurden während des Duschens von den Männern beobachtet.

Sie fühlt sich heute trotz der Scheidung besser. Die Zeit mit der Arbeit und der Schule ohne Sprachkenntnisse ist schwer, aber es sei trotzdem besser als früher für sie, sagte sie.

Sie versucht zu lernen und sich weiterzuentwickeln. Sie sagte, dass sie so ihre Ruhe hat und alles, was da ist, gehört ihr und keiner kann ihr Gewalt antun.

... insbesondere die schwierige Lage im Heim am Anfang als wir hier kamen <u>hygiene essen</u> das war sehr schwer für mich ... in einem kleinen zimmer unter schwierigen bedingungen musste wir leben ... diese <u>ungewissheit</u> du weißt nicht was passiert. manche gehen nach ein zwei monaten und manche sagen dass sie seit einigen jahren da sind. das heißt <u>ständige angst und sorge.</u> aus deinem land bist du geflüchtet was machst du jetzt ... ca. drei monate im heim ... die Bedingungen im heim waren schwer. wir haben auch in einem zimmer <u>ständig miteinander streit auseinander-</u> <u>setzungen körperliche gewalt auch</u> ... (Frau L, Abs.2) ... osterferien die stadt leer. schock warum so wenig menschen. ich habe geweint. sie versuchten mich zu beruhigen und erzählten nach den feiertagen wird der ort lebendiger ... so war es auch. dann kamen weitere personen und wir waren mit ihnen beschäftigt ... ansonsten war schrecklich. du lässt deine familie und kommst in einen ort der schrecklich ist. wo du keine menschen siehst. war schwer ... (Frau L, Abs. 54) ... ein kleines Zimmer es war nicht gut. es war dreckig. der boden alte stühle kaputte tische essen. das Kind wollte das essen von da nicht essen wurde dünner. für alle ist es sehr schwer im heim. nicht nur für uns. wir haben ein paar sachen heimlich besorgt so dass wir täglich heimlich was zum essen zubereitet haben. da wir keinen kühlschrank hatten mussten wir täglich was besorgen und zubereiten. wir haben dann auch anderen eingeladen da wir mit ihnen auch mitleid hatten. wenn sie das zimmer suchten und geschirr finden würden wäre es nicht gut. deshalb war alles heimlich ... (Frau L, Abs. 56) ... alte kaserne aus der kriegszeit sehr alt war das heim und hatte keine küche nur mit kantine in jedem gebäude waren drei etagen. abhängig von personenanzahl entweder eine familie oder ein paar single wurden in einem zimmer untergebracht. du hast von streitereien von andere mitbekommen. es gab von anderen wegen toiletten streite. da manche die regeln nicht

beachteten die toiletten waren sehr dreckig. es war schrecklich. du hast auch deine streite mit dem partner und dann wegen badezimmer gab es streit. wurde nicht nach dem duschen sauber gemacht. alles wurde da gemacht es war sehr schlecht ... männer haben während der dusche von frauen unten gestanden und die frau beim duschen beobachtet da wo die mädchen single wohnten war besser es war ein großer raum für 5 personen und bad da sie wussten wer gerade hingeht haben sie sauber gemacht. bei anderen viele leute also Ananym und somit dreckig ... (Frau L, Abs. 58 + 60 + 64).

... heute trotz trennung fühle ich mich besser. es waren harte Zeiten ohne Sprachkenntnisse mit der arbeit und schule. aber auch diese harte zeit besser als früher ... ich versuche alles zu verbessern korrigieren mich entwickeln ... trotz allem sage ich nicht ah warum mein leben so wurde. es war besser ... nee diese lage ist besser ... was da ist ist meins. ich habe meine ruhe. keiner kann mir gewalt antun. keiner kann mich mehr beleidigen beschimpfen. was da ist gehört auch mir ... (Frau L, Abs. 66 + 68).

Frau Y sagte, dass das Paar sich im Alltag im Iran wenig gesehen habe, da sie beide gearbeitet haben. Sie haben eine Zeitlang an verschiedenen Orten gelebt. Erst in Deutschland waren sie die ganze Zeit zusammen. Sein Verhalten hat sich in Deutschland geändert. Er hatte aufgrund seiner Foltererfahrungen im Gefängnis Alpträume und in solchen Situationen war sein Verhalten anders als im Iran. Er war zwar nicht verletzend oder respektlos, aber er war in sich gekehrt und zurückhaltend. Das war für Frau Y schwer. Er hatte Alpträume und ein schlechtes Gewissen, da er aus dem Gefängnis fliehen konnte, während seine Freunde weiterhin im Gefängnis saßen. Am Anfang gab es deshalb Probleme in der Beziehung.

Die ungewollte Auswanderung, kulturelle Unterschiede, verschiedene Erziehungsformen und die Angst vor einer unbekannten Zukunft führten dazu, dass das Paar wenig miteinander sprach. Sie haben über ihre Gedanken miteinander nicht gesprochen, aus Angst, den anderen traurig zu machen. Außerdem fiel es Frau Y schwer, die Exiliraner oder die deutsche Gesellschaft zu verstehen und ihre Normen zu akzeptieren.

Während ihres Aufenthalts in einem Studentenheim in Deutschland erkannte sie, dass sie Probleme mit einigen Werten und Normen in Deutschland hatte. Obwohl sie sich als atheist und modern ansah und sich nicht als traditionell betrachtete, hatte sie Probleme damit, dass Männer und Frauen gemeinsam schwimmen gingen oder dass Paare vor der Heirat Sex hatten und Frauen sogar schwanger wurden. Auch bereitete das Wetter ihr Schwierigkeiten.

Im Asylantenheim gab es Probleme mit Hygiene und Sicherheit. Unterschiedliche Völker mit verschiedenen Religionen und Kulturen verursachten Schwierigkeiten. Die Bewohner hatten Angst und fühlten sich unsicher. Sie spürten eine Bedrohung. Auch die Mitarbeiter im Heim waren nicht alle freundlich. Manche verhielten sich verletzend und die Bewohner mussten sich verteidigen. Sie beschimpften die Bewohner und sagten sogar, sie sollten in ihre Heimatländer zurückkehren. Es gab sogar einen Frauenarzt, der ohne das Wissen der arabischen Frauen Sterilisationen durchführte, hatte Frau „Y" irgendwann erfahren. Er behandelte die Frauen sehr respektlos. Er war beleidigend und hat negativ mit ihnen gesprochen.

... als wir im iran waren haben wir uns im alltag sehr wenig gesehen. wir haben gearbeitet. als er noch nicht bei mir im dorf gelebt hat habe ich ihn am wochenende gesehen. später als er auch als lehrer zum dorf kam und wir zusammen waren waren wir bei der arbeit und haben uns am abend gesehen. als wir nach deutschland kamen nach unserer flucht auf einmal nach zwei jahren seit unserer heirat davon war er ein jahr im gefängnis und in der zeit in teheran ging er auch morgens raus und kam abend nach hause. wir waren nicht lange beieinander. zum ersten mal in unserem leben aber waren wir hier von morgen bis nacht zusammen. im heim asylantenheim da sah ich in diesem kleinen zimmer im heim als er alpträume hat unter folter sei. er schrie. er war dann den ganzen tag in sich gekehrt. hat schlechte laune. wollte er nicht sprechen mit mir. machte das negative wirkung. ich konnte nicht akzeptieren dass er so freundlich war. gute laune hat. respektvoll war und wenn er traurig war zeigte er nicht und auf einmal so böse ist er. schlechte laune zeigt. in einer ecke sitzt. nicht dass er beleidigt oder schlägt. zog sich zurück. immer wenn er alpträume hatte dachte er daran dass seine freunde im gefängnis sind und er konnte fliehen. er hat sehr viel sehr viel gewissensbisse. sehr schlecht fühlte er sich ... (Frau Y, Abs. 32) ... probleme am anfang. die unterschiedliche erziehungsform der herkunftsfamilien. dann ungewollte entfernung vom heimatland. als wir sehr stark die heimat vermissten wir könnten nicht hin. dann konnten wir nicht immer darüber reden. wir hatten angst dadurch den anderen traurig machen oder umge kehrt ... eins entfernung von der heimat und eins die unsicherheit bzgl. der zukunft ... es war sehr schwer. ich sage ganz normale sachen. wir sind auf der straße gewesen hatte durst habe zu meinem mann gesagt gucken wir wo etwas kaltes wasser zum trinken gibt. mein mann sagte hier kauft man wasser ... ich konnte nicht verstehen dass man alles mit geld bekommt oder wenn die iraner die vor uns hier gekommen waren uns fragten was gibt es aus dem iran neues war für mich das schwer zu verstehen. ich dachte was soll das. sind sie nicht iraner warum wissen sie über die neuigkeiten nicht. ich dachte man muss ständig iranische Fernseher und radio nutzen und alles über das land wissen. sie sollten nicht solche fragen stellen. sie sollten ganz informiert sein ... ich dachte sie sind westen geneigt. frau und mann gingen zusammen schwimmbad. ich habe keine religion. aber das war für mich sehr schwer. einmal sagte mein mann zwei stundenten wollen heiraten. wollen wir zu deren hochzeit gehen. wir lebten in einem studentenheim. studenten haben uns aufgenommen gehabt. die frau war schwanger. ich sagte zu meinem mann WAS du bestätigst deren verhalten. sie sind nicht verheiratet und sie ist schwanger (lacht). ich will sagen obwohl wir in unserem land dachten dass wir keine glaube haben und die tradition ablehnen aber in manchen sachen waren wir traditionell und als wir hier kamen hatten wir probleme damit ... auch das wetter war schwer ... irgendwann waren wir in einem Asylantenheim. es war schwer.

sauberkeit viele menschen unterschiedliche völker religionen ländern machten viele probleme für uns. da die zimmer keine schlüssel hatten haben wir immer mit bett und stuhl barriere hinter der tür aufgebaut. wir fühlten immer gefahr und waren unsicher und so wie sie mit uns umgingen manche sozialarbeiter waren sehr ehrenhaft. aber manche andere mitarbeiter waren sehr beleidigend. wir waren aus dem iran. wir dachten wir müssen uns immer verteidigen und antworten. aber die menschen die nichts sagten haben wir gesehen wie sie mit ihnen umgingen. beschimpften. sagten geht zurück zu eurem land. gaben befehle ... ich habe später erfahren in karlsruhe ein arzt arabischen frauen sterilisiert hat ohne ihnen zu sagen auch weil er geld bekommen konnte und auch weiß nicht weil gegen ausländer war. ohne erlaubnis operierte und auch sehr beleidigend mit ihnen kommunizierte ... (Frau Y, Abs. 38 + 42ff.).

Frau A erzählte, dass am Anfang die Zeit sehr schrecklich war. Diese Zeit war von vielen Ängsten und vielen Unterschieden wie unbekannte Sprache, anderen Normen und Werten begleitet. Sie beobachtete viele Unterschiede zwischen ihrem früheren Leben und dem Leben in Deutschland. Dies führte zur Infragestellung von Werten, Normen, Verhaltensmustern usw. und führte auch zu Streitigkeiten in der Beziehung.

Es gab ständig einen Vergleich zwischen dem, was sie hier beobachtete und erlebte und dem, was sie im Iran hatte.

Im Laufe der Zeit bemerkte sie Veränderungen. Sie fühlte sich unabhängig. Der Asylantrag wurde schnell bearbeitet.

Derzeit hat sie ein gutes Gefühl und ist mit ihrem Leben in Deutschland zufrieden. Sie wollte an einem neuen Ort außerhalb des Irans leben und das hat sie erreicht. Sie wollte nicht ständig Erklärungen für ihre Lebensweise abgeben müssen und das ist hier der Fall.

Sie wollte sich selbst entdecken und ihre Fähigkeiten nutzen. Das hat sie in Deutschland erreicht. Obwohl sie etwas später damit begonnen hat, ist sie dennoch zufrieden. Sie wollte selbst darüber entscheiden können, mit wem sie Kontakt haben möchte oder nicht. Im Gegensatz zum Iran kann sie das hier tun.

schrecklich sehr schrecklich das heißt gar nicht vorstellbar die ersten monaten angst gut dann diese unbekannte sprache die du nicht beherrschst. dann war so dass mein vater im iran politisch aktiv war. sie kamen zu uns nach hause und nahmen mein vater fest. unsere familie war eine politisch aktive familie im iran. wenn du eine politisch aktive familie bist bist du immer bereit dass man dich angreift. das heißt es war so wenn wir im bus saßen wenn die durchsage für die haltestellen gesagt wurden sagte ich was ist rufen sie uns. das heißt immer hatte ich das gefahr-gefühl

... im iran waren einige sachen moderner als in deutschland hier fragst du dich zum beispiel warum die türen so aufgemacht werden. warum haben sie keinen aufzug (lacht). warum gibt es diese im iran und hier nicht ... (Frau A, Abs. 84)

... als wir hier kamen im ersten jahr mein kopf hat so schnell gearbeitet dass ich manchmal sagte ich will ihn anhalten können. ich wollte dass er stoppt. ich konnte ihn nicht kontrollieren weil alles was du siehst brachte er unverzüglich im vergleich zu eigenen werte normen verhaltensmuster. fragst du dich ist das richtig falsch. welche ist richtig welche ist falsch. ist das besser oder das andere. wir sind so. sie sind so. welche ist schlecht. das alles kommt zusammen. in den Streitereien versuchst du herauszubekommen. weiß nicht. was ist das in unserer kultur oder was wir gelernt haben oder was sie haben. öfters hast du auch keine antwort ... dann nach einer Zeit passiert was nach dem du hier ankommst. passiert etwas. hier bist du wer für dich. du bist nicht mehr abhängig von jemanden. unser asylangelegenheit wurde sehr schnell geregelt ... (Frau A, Abs. 2).

... jetzt habe ich gutes gefühl weil wenn ich zurück blicke sehe ich dass es einen von meinen wünschen war in einem neuen ort leben und das habe ich erreicht. dann wollte ich so leben wie ich will und nicht immer für meinen lebensart erklären müssen. auch wollte ich meine innere fähigkeiten entdecken und nutzen. das habe ich. in den letzten jahren habe ich entdeckt vielleicht etwas zu spät aber ich bin zufrieden. dann war noch eine sache meine soziale beziehungen. soziale beziehungen wollte ich auswählen das ist für mich gut das heißt ich muss nicht mit jemandem weil er mein onkel ist beziehung haben. meine gute zeit für jemand lassen weil er mein onkel ist ... (Frau A, Abs. 90).

Frau G erzählte, dass ihr das Leben im Aufnahmeheim in der Anfangsphase sehr schwer gefallen war. Das war für sie und ihr Kind sehr belastend. Es gab viele Konflikte und Gewalt und sogar Todesfälle traten auf. Bestimmte Völker kamen nicht miteinander klar. Auch die zweite Unterkunft an einem anderen Ort in einem Dorf war problematisch.

Die Familie hatte ein kleines Zimmer. Sie hatten nur zwei Betten. Der Ehemann musste auf dem Boden schlafen. Die Familie hat später eine Wohnung erhalten.

Sie waren in Ostdeutschland untergebracht. Sie erzählte, dass sie als Flüchtling dort mehr Rassismus erlebte als hier in Westen, wo sie jetzt ist. Sie sagte, dass die Menschen vielleicht aus Angst so reagierten.

Gleichzeitig hatte sie auch positive Erfahrungen in der Gemeinde. Sie hatte Kontakte zu anderen Frauen in der Kirchengemeinde, die ihr und ihrem Sohn halfen. Sie konnte ehrenamtlich tätigt sein und hatte dadurch Kontakte zu anderen iranischen und afghanischen Familien.

Sie sprach mit ihnen und stellte dabei fest, dass viele Paare sich trennten. Die Kinder litten unter den Konflikten der Eltern, sagte sie.

… die einzige fehlte mir schwer war hier die situation in dem heim das war schwer … erste drei monate waren wir in einem ersten aufnahmeheim in X (ein Ort in Ostdeutschland) und dort das war eigentlich sehr sehr schwer für mich für mein kind und also ja es gab immer streit und sogar körperliche belastung und am letzten tag … wir von diesem heim raus gegangen sind hab ich gehört dass jemanden mit der waffe hat andere person getötet. ja und die araber zwischen araber und Tschetschenen gab immer solche streit und problem diskussion. das war nicht einfach danach bin ich drei monate in einem anderen ort. das war eigentlich dorf und das war auch ein heim und ein zimmer ein sehr sehr kleines zimmer dass man nicht drei bett richtig rein tun und wir haben also mein mann immer auf dem boden geschlafen weil wir nicht mehr als zwei betten da haben konnten. aber danach nach diese sechs monaten haben wir dann eine wohnung gekriegt. dann das leben war bisschen besser geworden und ich war immer beschäftigt mit deutsch lernen … in erste dritte monat. wir sind in eine ersteaufnahmeheim gelebt //genau// danach sechs monate sind wir in einem anderem heim. so in einem dorf danach haben wir eine wohnung gekriegt. insgesamt neun monate … ich war schon in einem landkreis. also ich wohnte in Y(eine Stadt in Ostdeutschland) im landkreis. das war auch klein und ja wie man hört die leute sind nicht wie hier (Westdeutschland, Niedersachsen) nett. ein bisschen haben die vielleicht auch angst. wegen solche weiß ich nicht. aber man merkt mehr rassismus dort … ja ich wollte eigentlich immer zu meinen nachbarn oder so nett sein und zeigen dass wir die person respektvoll respektieren … und hab ich immer guten tag gesagt … auch ältere frauen sagten nee. wenn ich guten tag gesagt habe sagte sie nein kein guten tag. blau blau blau und gehen sie raus oder so (…) ja wollte ich auch manchmal die leute aus unserer stadt einladen und einfach kontaktieren. meine mann hatte überhaupt keine lust draußen zu gehen. er hatte angst auch obwohl dass ich mit meiner gemeinde kirchengemeinde kontakt hatte war trotzdem dort auch (…) schwierig … ich hab positive erfahrung auch gemacht. ich hab auch gleichzeitig mit die frauen zum beispiel kontakt gehabt. in unserer gemeinde sie haben sich sehr viel um mich gekümmert und dabei geholfen deutsch zu lernen und haben meinen lebenslauf auch verbessert und geschrieben und immer jede woche in unserer gemeinde meinem kind fünfundvierzig minuten ungefähr ein buch vorgelesen damit wir unser deutsch verbessern … wegen dieser ehrenamtlichen arbeit treffe ich viele familie aus dem iran oder auch afghanistan. dass sie wollen mit mir ein bisschen reden und manchmal reden sie über eigene probleme. man sieht jetzt auch dass sie sich irgendwann trennen … das ist auch weitere erfahrung. wenn sie kinder haben das ist sehr sehr traurig. dass in der familie die kinder sind belastet mit diesem konflikt mit dieser diskussion die kinder fühlen dass irgendwie was nicht stimmt … (Frau G, Abs. 354 + 356 + 372 + 375 + 376 + 386 + 440).

> **Paarbeziehung aus der Sicht der Erzähler**

Die Befragten erläutern verschiedene Aspekte im Zusammenhang mit der Paarbeziehung. Aus ihrer Sicht spielen Tradition, persönliche Vorstellungen von der Partnerschaft, Familie, Kommunikations- und Lösungsfindungsfähigkeit, Kinder,

Machtverhältnisse, finanzielle Lage, rechtliche Grundlage, verfügbare Informationen und die Umwelt eine wichtige Rolle in einer Paarbeziehung.

Das Paar, Herr & Frau S, hatte eine arrangierte Hochzeit. Die Familien kannten sich bereits und das Paar hatte sich auch flüchtig gekannt. Die Wahl des Partners erfolgte durch die Familien.

Herr S erklärte, dass zu seiner Zeit 80% der Paare auf diese Weise zusammenkamen.

Frau S erklärte, dass sie sich liebten, aber sie hatten in ihrer Beziehung kleine Probleme. Sie fügte hinzu, dass sie am Anfang ihre Freiheit in Deutschland geschätzt und genossen haben. Sie besuchten beispielsweise Diskotheken. In den ersten sechs oder sieben Jahren hatten sie überhaupt keine Probleme. Sie dachte, dass die neue Freiheit keine Auswirkungen auf ihr Leben oder ihre Familie haben könnte. Doch nach der Geburt ihres zweiten Kindes (das erste Kind ist im Iran geboren) stellten sie fest, dass die familiären Beziehungen unter dem Einfluss der neuen Gesellschaft standen.
Der Ehemann hatte zum Beispiel eine andere Vater-Kind-Beziehung zum zweiten Kind. Er kümmerte sich intensiver um das jüngste Kind und pflegte eine intensivere Beziehung zu ihm im Vergleich zum ersten Kind, das im Iran geboren wurde.

Sie nahm an, dass ihr Ehemann von den Deutschen den Umgang mit den Kindern gelernt hat. Er hat gelernt, wie sich die Eltern Zeit für ihre Kinder nehmen und wie sie sie erziehen. Sie fand das äußerst überraschend. Sie empfand viele positive Veränderungen in ihrer Familie. Deshalb ist sie sehr glücklich, in Deutschland zu sein.

Als sie Probleme in ihrer Partnerschaft in Deutschland bemerkten, setzten sie sich zusammen und sprachen miteinander. Sie suchten nach Lösungen, um die Probleme zu bewältigen. Mit der Zeit konnten sie die Proleme lösen und ihre Ziele erreichen. Auf diese Weise haben sie auch den Weg für ihre Kinder bereitet.

Sie sagte, wenn sie zurückblickt, stellt sie fest, dass sie manchmal geduldiger sein musste.

Auch sagte sie, dass eine Frau in der Lage sein muss, kreative Wege zur Lösung von Paarproblemen zu finden. Frauen haben aus ihrer Sicht Möglichkeiten, die sie nutzen können.

Sie erzählte anhand eines Beispiels, dass sie als junge Frau keine Entschuldigung aussprechen konnte. Heute ist sie in der Lage, sich zu entschuldigen, was auch bei der Lösung von Problemen hilfreich ist, sagte sie.

Sie betonte die Bedeutung von Geduld- und Kommunikationsfähigkeit als hilfsreiche Werkzeuge bei der Lösung von Beziehungsproblemen.

Herr S erwähnte auch die veränderte Lage der Frauen in Deutschland. Seiner Meinung nach denken Männer im Iran, dass der Ehemann das Geld für Kleidung, Essen und alles nach Hause bringt und deshalb muss die Frau für alles dankbar sein. Dann kommen sie hier nach Deutschland. Der Mann hat keine Arbeit. Die Frau bemerkt, dass sie nicht hungern muss und keine Obdachlosigkeit droht, da der Staat hilft. Im Iran muss die Frau Gewalt hinnehmen, weil sie finanziell abhängig ist.

In Deutschland sagen die Frauen dann, dass sie den Mann nicht brauchen. Er betonte, dass die finanzielle Abhängigkeit eine wichtige Rolle in der Paarbeziehung hat.

Er fuhr fort, dass viele Paare in Deutschland aufgrund dieser veränderten finanziellen Lage viele Probleme bekommen. Obwohl sie diese Probleme mit Geduld und Gesprächen lösen könnten, trennen sich viele Paare in Deutschland.

Diese Frauen denken, dass ihre Rechte in der Heimat missachtet wurden. Sie wurden dort unter Druck gesetzt. Sie betrachten den Ehemann als Schuldigen. Sie berücksichtigen nicht, dass sowohl die Gesellschaft als auch das Gesetz dafür verantwortlich sind. Der Mann ist ein Teil der Gesellschaft.

... ja mit kleiner rente von meinem papa mit fünf kinder damals im krieg kriegzeit zwischen iran und irak hat meine mutter viel überlegt wie kann sie zweites einkommen haben und hatte ein zimmer von unserer wohnung schön eingerichtet und dann hat eine kleine erlaubnis von der stadt bekommen. hat einen kleinen Kindergarten in unserer wohnung aufgemacht und dann die schwester von meinem mann war lehrerin und in unserer stadt gab es früher nicht viele kindergärten. deshalb wollte die schwester das erste kind irgendwo lassen und zur arbeit gehen und dann hat meine mutter kennengelernt. oh eine 36 jährige frau hat einen kleinen heimkindergar-

*ten. kocht zuhause. natürlich besser als die anderen kindergärten und hat meine mutter kennen-
gelernt. hat ihre tochter zu uns gebracht und das war richtige kindergarten. aber wie eine //B1:
private kindergarten// nein das war private kindergarten aber zweite familie dazu geworden. das
heißt meine mutter war genauso wie zweite oma für diese kleine tochter. dann sechs sieben jahre
acht jahre wir hatten kontakt zusammen und diese tochter ist zur schule gegangen und ich bin
auch aufgewachsen. abi gemacht und zur ausbildung gegangen und die wollten für ihre bruder
(lacht) eine frau aussuchen. die haben mich vorgestellt und aber die haben hinter unsere wohnung gelebt. mit familie natürlich ich kannte auch (X, Name vom Ehemann) weil er paar mal die
nichte abholen wollte und zwei dreimal haben wir uns gesehen. wir haben die familie richtig gekannt. die haben vorgestellt. dann hatte ich auch niemand in meinem leben oder sie interessier-
ten //B1: nicht funktioniert// ja. danach ist weitergegangen verlobung geheiratet und war schön
ja* (das Paar S, Ehefrau, Abs. 19).

*ja, aber ich möchte was dazu sagen. damals war es 80% so arrangiert. ja durch familie aber das
ist kein befehl. meine frau wurde nicht befohlen du musst mit diesem jungen mann verheiratet
sein. genau bei mir auch. du musst diese junge frau heiraten weil ich als deine schwester oder ich
als deine mutter dieses mädchen mag. du musst dieses mädchen heiraten. das war damals so
dass die familien halfen arrangierten. aber das ist kein befehl …* (das Paar, Ehemann, Abs. 28).

*… wie war meine (…) Partnerschaft mit meinem mann. natürlich wir haben uns geliebt und dann
(…) aber wir haben auch kleinigkeit in unsere partnerschaft. probleme wir hatten manchmal (…)
aber als wir nach deutschland gekommen sind (…) ich habe gedacht freiheit in deutschland kann
nicht auf mein leben und meine eigene familie große wirkung haben weil mein ziel ganz anderes
war. unser ziel war ganz anderes. natürlich wir haben diese sehr schöne atmosphäre benutzt. wir
haben viele zum beispiel diskos besucht. wir haben die freiheit viel benutzt … in deutschland haben wir ganz neues leben angefangen. am anfang war sehr schön. glaube ich erste sechs sieben
jahre. wir hatten kein einziges problem. wir hatten keine stunde über bestimmte grenze zusammen geredet und dann kam mein zweites kind. ich hab gesehen welcher großer unterschied war.
kontakt zwischen mein mann und mein zweites kind. kontakt mit meinem mann und meine tochter war ganz anders und (X) mein Mann und zweite kind natürlich. ich hab auch gedacht aha diese reise diese Einwanderung hatte auch auf die kontakte zwischen mein mann und mein zweites
kind wirkung. guck mal er hat gesehen wie die deutsche leute mit den kindern kontakt haben. wie
die vater und mutter zeit lassen. er hat gelernt. ich habe gelernt wie können wir unsere kinder erziehen. ehrlich ehrlich das war für mich große überraschung. das war für mich sehr sehr wichtig …
meine familie hat große änderungen in deutschland gehabt. ehrlich ich bin sehr froh … viele positive punkte auf meine familie hatte. dann haben wir immer versucht wenn ein problem eintritt zusammen setzen. zusammen reden und eine vernüftige lösung finden. natürlich kamen ein bisschen probleme. wir haben in griff bekommen. wir haben zeit gelassen. aber so schlimm war
nicht. dann zweite teile war unsere ziele das mussten wir erreichen (…) das mit gemeinsamer hilfe
und dann mit geduld. wir haben erreicht und wir haben auch den weg für unsere kinder (…) vorbereitet … natürlich am anfang habe ich auch viel versucht. zu viel reden erzählen beispiele bringen. aber das große problem bei mir war wenn ich jetzt denke konnte ich manchmal mehr zeit
lassen. ein bisschen geduldiger sein oder mit tricks die frauen gehört ein bisschen meine probleme
lösen oder erzählen. natürlich wenn man jung ist ein bisschen mehr hoch nasig. wollte nicht ein
bisschen runter kommen. da kämpft man aber jetzt zum beispiel als ich jung war niemals habe ich
entschuldigung gesagt. ich wollte nicht sagen (lacht) aber jetzt kann ich richtig sagen. zum bei-*

spiel letzte woche wir haben ein kleines problem bekommen und mein mann war weg von woh-nung für paar stunde. dann hab ich sofort handy genommen und anstatt zu telefonieren hab ich angefangen sms zu schreiben (lacht) viel geschrieben geschrieben geschrieben. natürlich ich hab alles was ich wollte geschrieben. nicht runter oder zurück gekommen. ich hab geschrieben aber hab ich gedacht anstatt telefonieren durch voice zu sprechen vielleicht bekommen wir mehr prob-leme kann ich schreiben und dann natürlich er hat gelesen und hat nicht zurückgeschrieben (lacht) ich hab angerufen warum antwortest du nicht und hat gesagt was soll ich schreiben dieser satz hat mir gesagt ja vielleicht er hat gewusst. er will nicht mehr darüber reden und dann inner-halb paar stunde war das problem weg und dann haben wir eine gute lösung gefunden ... (das Paar, Ehefrau, Abs. 3 + 34).

... der mann im iran ja ich bin die einzige der holte geld in der heimat. die frau du musst dankbar sein über was ich besorge von essen von klamotten von alles. die kommen hier. mann hat keine arbeit oder hat arbeit. die frau weiss aha wenn ich einen mann habe oder ich habe keinen mann ich bleibe nicht ohne unterkunft. ich bleibe nicht hungrig. der staat hilft mir ... im iran muss die frau gewalt akzeptieren. die frau muss das akzeptieren. warum weil sie finanzielle abhängigkeit von eigenem mann hatte ... hier die frau sagt ich brauche dich nicht mehr. deshalb die finanzielle abhängigkeit hat eine große rolle in der beziehung zwischen frau und mann und kommt darauf an manche familien die kommen nach deutschland bekommen viel probleme. ja aber sie können die probleme langsam langsam bewältigen. mit reden zusammen eine lösung finden ... viele solche leute die kommen und trennen sich. sie suchen nach eigenem recht. sie denken in der heimat sie wurden sehr sehr unter druck oder ihre rechte wurden sehr mißachtet und finden die schuldige ist nur mein eigener mann der ist schuldig die wissen nicht das ist ein gesetz von der gesellschaft die gesellschaft hat die schuld und der mann ist auch ein teil von dieser gesellschaft ... (das Paar, Ehemann, Abs. 57 + 58).

Frau N sagte, dass sich ihre Rolle in Deutschland im Vergleich zum Iran verändert hat. Im Iran war sie Hausfrau und Mutter. In Deutschland musste sie aktiv werden, da der Ehemann Probleme mit der Anpassung hatte. Er wurde passiv und depres-siv, weshalb sie die Initiative ergriff und sich um alles kümmerte. Er übernahm immer weniger Verantwortung. Er wurde passiv und konnte keine Sprache lernen. Es fiel ihm schwer, Beziehungen zu anderen in Deutschland aufzubauen.

Seine Stimmung wurde immer schlechter und er begann sie immer mehr zu er-niedrigen und kleinzuhalten. Die Eheprobleme hinderten sie daran, sich weiter-zuentwickeln und er wurde immer aggressiver, meckerte und wollte alles kontrol-lieren, berichtete Frau N.

Sie sagte weiter, dass er seine Energie nicht für das Erlernen der Sprache oder handwerkliche Tätigkeit nutzte. Stattdessen zog er die Familie runter. Der Mann beobachtete, wie sie sich weiterentwickelte, während er selbst nicht vorankam.

Ein weiterer Grund für die Eheprobleme waren die Töchter, erklärte sie.

Er erkannte, dass er keine enge Beziehung zu den Kindern hatte. Im Gegensatz dazu beherrschte sie die Fähigkeit, mit den Kindern gut umzugehen. Er erkannte den Verlust seiner Rolle als Familienoberhaupt, da sie aktiver war und alles erledigte. Dadurch hielten die Kinder mehr zu ihr und sie wurde die Respektsperson für die Kinder im Gegensatz zur Situation im Iran.

Sie sagte auch, dass die Paare nach außen hin ein glückliches Bild vermitteln und so tun, als wäre alles perfekt. Aber die Realität sieht in der Tat anders aus. Die Männer beherrschen die Frauen und beginnen, heimlich zu handeln. Sie nehmen sich eine Geliebte und Geld. Alles muss für den Mann zur Verfügung stehen und er soll das Beste bekommen. Die Frau muss den Mann stärken. Sie muss den Mann die Macht überlassen und sich zurückhalten. Sie hat alles versucht, aber das hat nicht funktioniert. Sie stellte fest, dass die Macht gleich verteilt werden muss.

Sie sprach manchmal mit anderen über ihre Probleme, da sie manchmal die Belastung nicht mehr aushalten konnte. In ihrem Kreis wissen alle über ihre Paarprobleme Bescheid.

Sie betonte auch, dass einige Dinge gelehrt werden müssen (im Zusammenhang mit der Paarbeziehungsgestaltung).

Aus ihrer Sicht stehen die Auffälligkeiten der erwachsenen Kinder bezüglich Gesundheitslage und Arbeit in einer Verbindung mit der Qualität der Elternbeziehung.

... ihre rolle hat sich im vergleich zum iran geändert. dort war sie hausfrau, mutter. in deutschland wurde sie aktiv. weil der mann probleme mit der anpassung hat wurde er hier passiv und depressiv. sie muss die zügel des alltags/lebens in die hand nehmen. sie hat sich um die regelung von angelegenheiten mehr und mehr gekümmert ... er hat immer weniger verantwortung übernommen. er war passiv und konnte keine sprache und konnte keine beziehung mit den anderen aufbauen. seine Laune wurde immer schlechter und hat mich mehr erniedrigt und klein gemacht ... die konflikte hinderten dass ich mich weiter entwickle und er selbst war aggressiver meckerte ... mehr alles wollte er kontrollieren ... seine energie nutzte er nicht für sprache oder handwerk und hat uns unten gezogen ... die kinder waren ein grund für die weiteren schwierigkeiten ... er sah dass ich mich weiter entwickle und er nicht. er sah dass seine beziehung mit den kindern nicht eng ist und ich weiß immer wie ich in einer situation mich verhalten muss ... verlust seiner rolle als haushaltsherr weil ich aktiver war und alles machte halten die Kinder mehr zu mir ... ich war die respektperson ... er war nicht mehr so anerkannt ... da er sich von allen zurückzog keine verantwortung übernahm konnte auf andere seite keine macht über die kinder mehr haben ... mal wollte er mit uns in den Iran was ich ablehnte und ihm unser ziel nämlich die zukunft der kinder er-

klärte und ihm bat sein ziel festzulegen egal wo ... ich wollte nicht dass die Töchter die gleichen Erfahrungen im Iran machen daher war ich bereit alles machen um in Deutschland zu bleiben. alles so gut wie möglich zu machen ... (Frau N, Abs. 4).

... die Paare tun so, als ob sie sehr glücklich sind und alles perfekt ist. aber in wirklichkeit sieht alles anders aus ... männer herrschen frauen. beginnen versteckt zu handeln liebhaber geld nehmen. alles muss für mann da sein. er soll das beste bekommen. frau muss den mann stärken. ihm die macht überlassen. sich zurück halten ... aber ich habe das ausprobiert. das hat gar nicht geantwortet ... ich habe festgestellt dass die macht gleich verteilt werden muss ... bei uns war tabu über die probleme zu reden ... manchmal konnte ich mich nicht zurückhalten ... habe über etwas gesprochen ... alle überall wissen dass mein mann und ich probleme haben ... manche sachen müssen beigebracht werden ... wenn die Kinder auffällig werden mit arbeit oder gesundheit alles hat mit der beziehung zu tun ... (Frau N, Abs. 26 + 44).

Fr. H erklärte, dass sie und ihr Mann sich vor der Heirat über ihren Bruder kannten. Ihr Mann war ein Freund ihres Bruders und die beiden Familien kannten einander. Irgendwann kam die Familie ihres Mannes zu ihnen und bat um ihre Hand. Zuerst waren sie verlobt und dann heirateten sie. Damals war es üblich, dass die Familien um die Hand der Braut baten. Obwohl ihr Mann und sie sich kannten, kamen seine Schwester und er aufgrund der Tradition zu ihnen und baten um ihre Hand. Zu jener Zeit, als sie heirateten, liebten sich die Paare. Sie lernten sich an der Universität, bei der Arbeit oder über die Familie kennen. Sie wurden Freunde und nach ein oder zwei Jahren haben sie geheiratet. Fast alle ihre Freundinnen haben unter ähnlichen Umständen geheiratet.

Sie sagte, dass Traditionen und Brauchtum in Paarbeziehungen zu dieser Zeit eine wichtige Rolle spielten. Ihr war es wichtig, dass ihr Mann sie verstand und ihre Gefühle für ihn begriff. Ihr Mann legte hingegen Wert auf seine eigenen Wünsche. Sie ging davon aus, dass Männer nur ihre eigenen Bedürfnisse im Kopf haben, während Frauen das Bedürfnis haben, verstanden zu werden. Ihre Wünsche wurden ignoriert. In ihrer Beziehung hatte sie keine Macht. Sie musste sogar die Erlaubnis Ihres Mannes einholen, um ihre Familie zu besuchen. Manchmal fühlte er sich beleidigt, betroffen oder traurig. Es gab in ihrer Beziehung im Iran Konflikte und Streitigkeiten, weil sie seinen Wünschen nicht immer nachkam. Aus seiner Sicht führte ihr Verhalten dazu, dass er die Kontrolle verlor und handgreiflich wurde. Deshalb machte er sie für die Probleme in der Beziehung verantwortlich. Er sagte, dass ein Paar zuhause, wenn es alleine ist, sich anders verhalten kann als wenn andere anwesend sind. Es ist wichtig, das Gesicht zu wahren. Er war sehr unzufrieden und wünschte sich eine Ehefrau, die vollständig nach seinen Wünschen handeln würde.

Nach Konflikten zeigte er immer wieder Reue, doch nach einigen Tagen kehrten seine alten Gewohnheiten zurück. Er musste immer wieder feststellen, dass seine Frau seinen Wünschen nicht immer vollständig nachkam und das hat ihn gestört. Nicht alle Männer sind wie er. Als Kind wurde er stark von seinem Vater misshandelt und hat keine mütterliche Liebe erlebt. Als junger Mensch wurde er von seinem Vater häufig disziplinarisch geschlagen.

Nach gewaltsamen Handlungen mit ihr wie Schlägen sagte er auch, dass er nicht so sein möchte. Er mochte auch diese Seite an sich selbst nicht.

Weiter sagt sie, dass er sehr sozial war und leistete sowohl emotional als auch materiell viel Unterstützung für seine Herkunftsfamilie. Mit seinen Freunden hatte er keine Probleme. Das war der Grund, warum sie über ihre persönlichen Themen mit anderen nicht sprach. Wenn sie darüber sprechen wollte, hätte niemand akzeptiert, dass er zwei verschiedene Persönlichkeiten hat. Ihre eigene Schwester meinte zum Beispiel sogar zu ihr, dass sie zu hohe Erwartungen an ihren Mann habe. Die Anderen wussten nicht, wie er sich zuhause verhielt und wie er mit ihr umging.

Sie meinte, dass sich Frauen im Iran, wenn sie finanziell abgesichert sind, schneller scheiden lassen. Das Verhalten der Männer hat sich seit der Revolution verändert, sie beginnen häufiger außereheliche Beziehungen.

Die iranische Regierung hat den iranischen Männern viel Macht verliehen, sagt Frau H.

... mein man war freund meines bruders. familien kannten sich. mein mann und ich wurden uns vorgestellt. dann waren wir verlobt. nach einiger zeit haben wir geheiratet. dann sind wir wegen seiner arbeit nach einer anderen stadt umgezogen ... (Frau H, Abs. 4).

... damals war so, dass die familien um die hand baten. Obwohl mein mann und ich uns kannten, kamen seine schwester und er wegen der tradition zu uns und baten um meine hand. ... (Frau H, Abs. 10).

... damals als ich heiratete haben die paare sich geliebt. sie lernten sich in universität oder bei arbeit oder über familie kennen. Sie wurden freunde. ein zwei jahre waren sie zusammen dann heirateten. alle meine freundinnen haben fast so geheiratet. ... (Frau H, Abs. 12).

... dass die traditionen und brauchtum sehr wichtige rolle dabei spielen wenn wir von meiner zeit aus gehen war für mich wichtig dass mein mann mich versteht dass er meine gefühle für ihn versteht was in meinem fall nicht so war. seine wünsche waren für ihn sehr wichtig. männer haben ihre eigenen bedürfnisse im Kopf. Frauen wollen mehr verstanden werden ... meine wünsche ignorierte er. ich hatte keine macht in dem Leben sogar für den besuch meiner familie musste er erlauben oder sogar war er beleidigt betroffen traurig ... mal streit Konflikt da ich nicht immer seine wünsche nach kam. er dachte dass ich mit meinem verhalten dazu führe dass er die kontrolle verliert und schlägt, also bin ich für die probleme verantwortlich. er sagte dass man zuhause wenn man allein ist anders sein könne als wenn die anderen dabei sind man muss das gesicht bewahren ... er war sehr unzufrieden er wollte eine total biegsame Frau die alle seine wünsche erfüllt er hat nach konflikten immer wieder reue gezeigt aber nach einigen tagen war wieder alles beim alten er musste immer wieder feststellen dass ich doch irgendwo seine wünsche nicht immer nachkomme und das hat ihn gestört ... nicht alle männer so sind wie er er wurde als Kind sehr vom Vater geschlagen hat keine mutterliebe erlebt ... er wurde als junger Mensch von seinem vater Erziehungsmaßnahme öfters geschlagen ... er sagte auch nachdem einem gewaltakt wie schläge usw. dass er nicht so sein möchte und mag selbst diese Seite von sich nicht er war sehr sozial hat viel emotional und materiell hilfe für die familie geleistet mit seiner freunde hat er keine probleme gehabt ... das war der grund warum ich auch über unsere persönliche themen mit anderen nicht gesprochen habe wenn ich darüber auch sprechen wollte würde niemand akzeptieren dass er zwei persönlichkeiten hat zum beispiel sogar meine eigene schwester meinte dass ich sehr viele erwartungen von meinem mann habe ... sie wussten nicht wie er mit mir zuhause umgeht welches verhalten hat ... (Frau H, Abs. 15ff.).

... im iran wenn die frauen finanziell gesichert sind lassen sich schneller scheiden das verhalten der männer hat sich seit der revolution geändert sie beginnen öfters weitere beziehungen neben ihrer partnerschaft die iranische regierung hat viel macht den iranischen männern gegeben ... l(Frau H, Abs. 73f.).

Frau M erzählte, dass es Veränderungen bei ihnen in Deutschland gegeben hat. Sowohl ihr Ehemann als auch sie haben sich hier angepasst. Ihr Ehemann hatte zu verschiedenen Themen feste Überzeugungen, obwohl er gebildet ist. Wenn zum Beispiel ihre Tochter einen Freund haben wollte, hätte er dies im Iran nicht akzeptieren können. Hier hat er jedoch keine Einwände gehabt. Es gab auch in der Vergangenheit viele Meinungsverschiedenheiten zwischen ihnen. Doch ist er nicht nachtragend und sie ist nachsichtig.

Sie betonte, dass aus ihrer Sicht Menschen unterschiedliche Charaktereigenschaften besitzen und sie bemüht sich, deren positive Seite zu erkennen. Wenn es zwischen ihr und jemandem Unstimmigkeiten gibt, versucht sie, dies der Person zu erklären, um Verständnis zu fördern. Dann tun sie das, was sie sich wünscht.

Weiter sagte sie, dass einige Paare aus dem Iran nach Deutschland gekommen sind, die im Iran eine gute Beziehung hatten. Aber hier bekommen sie aufgrund rechtlicher Grundlagen (mehr Rechte für Frauen) und der finanziellen Unterstützungen durch das Jobcenter Probleme in ihrer Paarbeziehung. Es gibt auch Paare, die sowohl im Iran als auch hier gut ohne Probleme leben. Es gibt jedoch auch Paare, die sowohl im Iran Proleme hatten als auch hier Proleme haben. Sie trennen sich hier.

... insgesamt haben mein mann und ich einige Verbesserungen gehabt. das was ich sage sagt er auch dasselbe ... das bedeutet dass einige dinge die er zuvor hatte für mich viel einfacher geworden sind seit er hierher gekommen ist ... es wird schwer wenn es viele missverständnisse zwischen uns gibt. mein mann hatte für manche sachen ziemlich fest meinung und es war für ihn belastend wenn es anders sein sollte. zum bespiel wenn meine Tochter einen freund haben wollte. er konnte das nicht akzeptieren obwohl er gebildet ist. hier hat er sich geändert. viele veränderungen. er hat hier akzeptiert, dass sie ein freund hat. er sagte was ist daran schlecht. wir waren auch fünf jahre vor der Hochzeit befreundet ... habe mich auch angepasst ... viele male gab es meinungsunterschiede ... er war kein mensch der nachtragend ist ... und ich bin auch mild. ich sage immer die menschen haben gute seiten und haben auch besondere charakter ... ich bemühe mich die positiven seiten zu sehen. damit wenn sie was schlechtes machen das optimal ihnen verständlich machen ... so dass dieser nicht ärgerlich wird. dann tut was von mir gewünscht wird ... (Frau M, Teil 2, Abs. 2ff).

... aber es gibt paare die dort im iran eine gute beziehung haben und dann kommen sie hier und da beginnen die probleme ... gesetzeslage geld vom jobcenter für frauen extra mehr rechte für frauen ... es gibt welche paare die dort und hier normal und gut leben. es gibt welche die dort keine probleme hatten und kommen hier und bekommen probleme und dann trennen sie sich. es gibt welche auch die dort probleme hatten und hier probleme haben und sich hier trennen ... (Frau M, Abs. 12).

Frau T erklärte, dass sie sehr traditionell war. Damit meinte sie, dass es keine Beziehung vor der Heirat zwischen Mann und Frau geben sollte. Wenn Kinder vorhanden sind, sollte jemand zuhause bleiben. Ihrer Ansicht nach sollte eine Frau alles tun, was der Mann sich wünscht, wenn sie verheiratet ist. Deshalb hat sie in der Beziehung nie etwas verlangt, sondern immer viel gegeben und geschwiegen, sagte sie.

Um sicherzustellen, dass sich der Ehemann nicht schämt, der seinen Job aufgrund politischer Probleme im Iran verloren hatte, hat sie ihm ihr Einkommen im Iran zur Verfügung gestellt. Sie sagte ihm, dass das Geld der Familie gehört. Sie hat als Lehrerin, Bibliothekarin und Lektorin gearbeitet.

Sie meinte, dass wenn eine Person im Ausland ohne Verwandtschaft in der Nähe, ohne beruflichen Erfolg und ohne gesicherte finanzielle Lage lebt, geht die Partnerschaft kaputt. Sie äußerte, dass aus ihrer Sicht ihre Beziehung nicht gescheitert wäre (sie ist geschieden), wenn die Familie weiterhin im Iran gelebt hätte.

Weiter sagte sie, dass die Kommunikation zwischen ihnen in problematischen Situationen nicht optimal war. Sie sprachen nicht miteinander, wenn sie Probleme hatten. Deshalb konnten sie ihre Probleme nicht lösen.

Die Beziehung zu ihrem Mann führte schließlich zur Scheidung. Seitdem lebt sie allein und hat kein Vertrauen mehr zu Männern, sagte sie.

… ich besonderes war sehr sehr traditionell. ich wollte immer nur alles mitmachen damit die familie nichts kaputt geht … wenn man zwei kleine kinder hat muss meine meinung nach eine zuhause bleiben mit den kindern sein. ich bin immer noch der meinung. trotzdem habe ich als tagesmutter gearbeitet und ich hab versucht job zu finden … (Frau T, Teil 1, Abs.4.) … vor der heirat keine freundschaft zwischen jungen und mädchen und so war ich auch der meinung und das meine ich mit traditionell … wenn man heiratet verpflichtet man sich alles mitmachen … (Frau T, Teil 2, Abs.4) … weil ich wie gesagt habe immer nichts verlangt. immer wieder nur von mir gegeben. immer wieder nur geschwiegen weil ich dachte wir hatten amal nee damal als (enghelabion) [revolutionäre] zum beispiel ich habe schon gearbeitet. hatte damals gearbeitet mit meinem kleinen kind hin und zurück und er hatte seinen job verloren wegen politische probleme. diese ganze viele probleme hatten wir und er auch und mein monatlicher lohn habe ich nur dort gepackt damit er sich nicht schämt. ich wollte nach meine ideale leben. das ist eine familie. das ist egal ob ich arbeite oder er arbeitet. das geld gehört zur familie so und das interpretieren normale leute als (adame ahmagh) [blödmann]. ich glaube (lacht) weil ein normaler mensch denkt bisschen an sich … ich war lehrerin bibliothekarin ich war editorin … wenn man nicht mehr in der heimat ist. nicht mehr deutschland oder irgendwo. das ist egal. wenn man beruflich keinen erfolg hat wenn man finanziell nicht so gesichert ist wenn man keine verwandtschaft hat das spielt meine meinung nach ganz große rolle. ich glaube unsere partnerschaft oder unsere familie wurde nicht kaputt gehen wenn wir in iran wären … (Frau T, Teil 2, Abs.42 + 52) … es war bei uns schwer weil wir nicht sprachen. dann waren wir beide dickköpfig. er sprach nur dann als er ratschläge geben befehle geben wollte. ich habe auch nicht mehr zugehört und ging weg. deshalb wurden unsere probleme nicht gelöst … das heißt alle diese unterschiedlichen geschmackrichtungen zum beispiel wenn wir in einem garten mit freunden grillen, wein, musik beschäftigt waren und ich um achzehn uhr dreizig sagte lass uns langsam langsam nach hause gehen. ein kind geht in den kindergarten und das andere muss zur schule. er sagte nee es ist kein problem. ich sagte doch es ist problematisch. kind muss ausruhen. kind muss gewaschen werden schlafen. morgen muss es weg usw. dann war er zornig. sprach nicht mehr zum beispiel. ich auch schlimmer. ich war sehr sensibel. was sagen wir iraner (…) sensibel war ich nee sehr traurig wurde. ich aber für ihn war gar nicht wichtig. er war zornig und sprach nicht bis zwei drei wochen vielleicht auch länger. manchaml dann zum beispiel weil es notwendig wurde. wir haben besuch bekommen oder was war sprachen wir. in solchen punkten handelten wir nicht wie moderne menschen wissen sie was ich

sagen will ... (Frau T, Teil 2, Abs. 100f.) ... ich bin froh dass ich jetzt allein bin. (lacht) ich fühle mich gut und ich vertraue keinen mann der welt (...) (Frau T, Teil 2, Abs. 198).

Frau L erzählte, dass zu ihrer Zeit meistens arrangierte Ehen geschlossen wurden. So hat sie auch geheiratet. Im Gegensatz dazu ist der heutige Iran. Die Menschen sammeln Erfahrungen vorher, so dass sie wissen, was sie wollen und wen sie heiraten möchten und wen nicht. Sie wählen ihren Partner selbst aus.

Sie sagte, dass sie strenge Eltern mit vielen Einschränkungen und Kontrolle hatte und wollte deshalb durch die Heirat das Elternhaus verlassen.

Sie betonte, dass sowohl ihre Eltern als auch die Schwiegereltern problematische Ehen hatten. Sie und ihr Mann haben sich in ihrer Partnerschaft auch aggressiv verhalten, obwohl sie grundsätzlich eine ruhige Person ist. Er sagte ihr auch, dass sie Schaden nehmen würde, wenn sie sich von ihm trennt.

Sie sagte, dass sie keine Gefühle für ihren Ehemann hatte. Er hatte ihr keine Liebe geschenkt. Ihm zeigte sie keine Gefühle. Deshalb dachte er, dass sie fremd geht.

Nach zwei Jahren kam das Kind und finanziell waren sie schwach. Aus diesem Grund haben sie ihren Wohnort gewechselt. Die Arbeitslosigkeit und Armut waren auch Gründe für die Probleme in der Partnerschaft.

Weiter sagte sie, dass in späteren Jahren vor der Abreise aus dem Iran die Beziehungsqualität aufgrund seiner Arbeit und ihres Studiums besser wurde. Sie war mit dem Studium beschäftigt.

Sie sagte weiter, dass sie sich im Iran trotz der Probleme wegen ihrer Eltern und dem Kind nicht getrennt hätten, wenn sie da geblieben wären.

Als sie nach Deutschland kamen, verschlechterte sich ihre Beziehung aufgrund der schlechten Bedingungen im Asylantenheim weiter. Tagsüber gingen sie sich aus dem Weg.

Weiter erklärte Frau L, dass die Familie in Deutschland vom Asylantenheim an einen anderen Ort verlegt wurde. Dort war es sehr ruhig und sie haben überhaupt nicht mehr miteinander gesprochen. Sie sprachen nur im Streit miteinander. Sie wurde dort psychisch krank. Im Austausch mit der Behörde wurde akzeptiert, dass sie in einem Dorf untergebracht werden. In dem neuen Wohnort hat sie mit dem Sprachkurs begonnen.

Sie hatten weiterhin eine sehr problematische Ehe mit Streit und häuslicher Gewalt. Auch als sie als Asylberechtigte anerkannt wurden, war die Beziehung weiter so schlecht. Es gab von seiner Seite auch in dieser Phase immer wieder Vorwürfe über längst vergangene Angelegenheiten, was zu Streitereien führte. Es kam sogar aufgrund der Gewalthandlungen die Polizei zu ihnen nach Hause.

Sie sagte, dass sie keine Vorerfahrungen hatte und nicht einschätzen konnte, wie der Ehemann sein müsste. Sie kannte nur ihren eigenen Vater und er war auch aggressiv.

Binnen eines Jahres kam es in Deutschland nach einem weiteren Vorfall zur Trennung. Nach einem Streit kam die Polizei und nahm ihn mit. Nach einer Woche wollte ihr Mann zurück kommen und einen Neuanfang starten. Sie war mit einem Neuanfang nicht einverstanden und er reagierte erneut aggressiv.

Sie gab an, dass zwischen ihnen keine Liebe und Respekt existierte.
Inzwischen hat sie nach der Scheidung andere Beziehungen gehabt und an sich gearbeitet. Sie sagte, dass der Mann in einer Partnerschaft eine sehr wichtige Rolle spielt.

... damals vor ca. 20 Jahren war mehr traditionell. das heißt jemand jemanden stelle vor. die familien kannten sich ... heute die leute gehen in einige beziehungen vorher und sie finden selbst den partner und dann sammeln so viel erfahrung dass sie wissen wen sie heiraten wollen nicht wie in unserer Familie ... (Frau L, Abs. 8)

... meine Eltern waren sehr streng sehr viel Einschränkung und kontrolle so dass man fliehen wollte ... (Frau L, Abs. 6)

... er war der freund vom bruder und 10 Jahre älter als ich und da er verhaltenauffällig war hatte seine familie für ihn eine frau gewollt damit er normal wird ... (Frau L, Abs. 4)

... ich war sehr jung 17 Jahre alt keine erfahrung. erster Mann der interesse gezeigt hatte. wurde angenommen und geheiratet. <u>eltern hatten sehr viele eheprobleme auch die schwiegereltern hatten eheprobleme.</u> selber war ich zwar ruhiger Typ <u>aber auch etwas aggressiv</u> ebenfalls der <u>ehemann war sehr aggressiv.</u> ich habe nach kurzer Zeit das festgestellt. ich habe keine liebe von ihm erfahren und er konnte wirklich nicht wie ein mann liebe zeigen ... schon im ersten jahr war so dass ich <u>keine gefühle für ihn</u> hatt. habe nur mit ihm zusammen gelebt. unser Kind sohn ist dann nach zwei jahren geboren. wirtschaftlich war er nicht stark. seine eltern haben finanziell etwas

*unterstützt. wegen der <u>finanziellen schwäche</u> mussten wir unsere stadt verlassen und in einer anderen stadt neu beginnen. alles hat etwas gedauert da wir miteinander probleme hatten. andere sachen wie die <u>arbeitslosigkeit armut zum beispiel kamen zu unseren problemen</u> dazu. es war sehr schwierige zeit damals … wegen meinen eltern und dem kind war für mich schwierig mich von ihm zu trennen da er auch immer gedroht hat wenn du dich trennst wirst du schaden haben. ich nehme mein kind mit und lebe einfach weiter … später bevor wir aus dem land vor ca. 4,5 jahren raus kamen war etwas besser. einmal wegen seinem beruf und einmal weil ich studiert habe und war ich so beschäftigt. aber er hat immer den zweifel gehabt dass ich fremd gehe weil ich ihm gegenüber keine gefühle hatte. er dachte das kommt daher weil ich mit einem anderen bin. das alles war so bis wir hier kamen. hier kamen noch andere sachen dazu. insbesondere die schwierige lage im heim … wir konnten gar nicht mehr miteinander. wenn einer was sagte führte zum streit. wir gingen uns am Tag aus dem weg und nur zum schlafen kamen wir ins zimmer zurück. dann wurden wir zu einem kleinen dorf geschickt. das war viel schlimmer. <u>im vergleich sagten wir dass hier viel schlimmer als</u> <u>im heim.</u> im heim waren zumindest einige menschen die zeit ging schneller um. im dorf waren nur ein paar häuser niemand war da. nichts passierte. miteinander haben wir nicht gesprochen. ich wurde fast verrückt … falls wir miteinander gesprochen haben <u>haben wir uns gestritten.</u> da wurde mit der behörde gesprochen und es fand einen umzug zu einem dorf statt. <u>vorher war außerhalb eines dorfes und jetzt waren wir in einem dorf.</u> da habe ich mit dem sprachkurs begonnen. unser aufenthalt wurde genehmigt. asylberechtigte aber alles war <u>noch zwischen uns mit beschimpfung streit schlagen wegen etwas was passierte oder in</u> <u>vergangenheit passiert war. er machte immer vorwürfe zum beispiel du hast im iran das gemacht</u> <u>oder deine familie hat das gemacht. themen die schon längst vergangen waren</u> … sogar ein zweimal ist die polizei gekommen … im iran war wirklich schwer… aber was soll ich sagen von 17 Jahre alt bis zum auswandern **war ein ganz normales leben mit meinem mann. das heißt ich habe nichts mit ihm genossen.** <u>ich wusste auch nicht was mann ehemann ist.</u> ich kann nicht sagen. vielleicht ist er ein guter mann. er sagte selbst immer dass er sehr guter mann sei. ich muss sehen wie die anderen männern sind … ich dachte vielleicht hat er recht. **ich hatte keine erfahrung …** **da ich auch nicht gut in meiner umgebung beobachtet habe dachte ich dass alle probleme haben. aber nicht darüber reden … jetzt weiß ich wie ein mann in einem leben wichtig sein kann.** **mir fehlte die erfahrung und ich habe nichts außer einen vater der beschimpfte und dann mit** **diesem mann habe ich geheiratet der auch wie mein vater war. sogar viel schlimmer** … dann habe ich mich getrennt nach viele streitereien. ich habe viele beschimpfungen gehört und wenn ich konnte habe ich auch geantwortet und er konnte nicht aushalten dass ich ihn auch beschimpfe. das alles veranlasste dass immer streit und schläge gegeben hat. natürlich habe ich nur die schläge bekommen da ich mich nicht verteidigen konnte … ca. <u>innerhalb des ersten jahres in</u> <u>deutschland folgte die trennung. da war auch sehr skaliert und die polizei kam und ihn mitnahm</u> … **nach einer woche wollte er zurück aber ich habe ihm gesagt dass da nichts ist. weder zwischen uns noch zwischen uns und den familien. keine liebe und kein respekt** … er wollte nochmals alles richtig machen und neu anfangen. ich wollte nicht … und dann hat wieder aggressiv reagiert. er verstand nicht wenn leute da sind hier ist ein haus. ihm war egal alles … später habe ich andere beziehungen gehabt und habe festgestellt dass mann sehr wichtige rolle hat <u>und ich</u> <u>bin viel ruhiger … in diesen drei jahren habe ich sehr viel an mir gearbeitet …</u> **um herauszubekommen was waren die gründe. wo waren die schwächen. wo waren die ursachen der probleme … weil ich selbst ruhig sein möchte und fröhlicher sein möchte** … (Frau L, Abs. 2 + 28).*

Frau Y erzählte, dass sie seit ca. 38 Jahre verheiratet ist.

Sie erklärte, dass sie heutzutage nicht weiß, wie die Paare im Iran zusammenkommen, aber damals war es meistens so, dass moderne Paare sich irgendwo in einem Seminar oder bei einer Demonstration trafen. Manchmal sahen sie sich auch auf der Straße, mochten einander und der junge Mann sprach mit seiner Familie. Dann baten sie bei der Familie des Mädchens um ihre Hand.

Sie erklärte, dass sie mit dem Ehemann in demselben Stadtteil lebte und er war ein Freund ihres Bruders. Sie hat viele Geschwister. Ein Bruder war sehr fanatisch. Er war strikt dagegen, dass sich Mädchen einen Freund nehmen, obwohl er selbst eine Freundin aus ihrer Klasse hatte. Sein Freund kam öfter zu ihnen nach Hause. Zu dieser Zeit absolvierte sie eine Ausbildung. Irgendwann sagte er zu ihr, dass er mit ihr ausgehen möchte.

Sie erklärte, dass sie aus einer großen Familie mit vielen Kindern abstammte. Deshalb wollte sie keine eigenen Kinder haben und das teilte sie ihm mit. Obwohl er Kinder haben wollte, dachte er zwei Tage darüber nach und stimmte dann zu. Er sagte zu ihr, dass für ihn das Wichtigste sei, zusammenzubleiben und bis ans Lebensende gute Freunde zu bleiben.

Sie sagte auch, dass sie insgesamt drei bis vier Jahre befreundet waren. Dann kam die Revolution. Nach der Revolution konnten sie sich nicht mehr so einfach draußen treffen. Sie mussten sich zuhause treffen und bei ihnen gab es zehn bis zwanzig Kinder zuhause. Kinder von Tanten, Nachbarn und so weiter. Draußen konnten sie sich nicht mehr treffen, da sie befürchteten, festgenommen zu werden und sie wären bestraft worden. Deshalb haben sie geheiratet und zehn Monate später wurde er aufgrund politischer Tätigkeit festgenommen.

Sie sagte auch, dass sie eine sehr schöne Beziehung haben und sie haben mit vielen Traditionen gebrochen. Als Beispiel erwähnte sie, dass das Paar vor der Hochzeit im Gegensatz zu den damaligen gesellschaftlichen Normen eine Paarbeziehung hatte. Sie machten gemeinsam Reisen, was zu ihrer Zeit und in ihrer Stadt nicht üblich war. Sie hatten vor, ohne Feier zum Standesamt zu gehen und sie wollte nur mit einem Koffer voller Bücher zu ihm gehen. Sie planten, zur Hochzeit kein Fest abzuhalten. Allerdings organisierte die Familie trotzdem ohne ihre Kenntnis eine Feier.

Sie setzte durch, keine eigenen Kinder zu haben. In ihrem Fall wollten sie anders als andere Paare zusammen ein Leben beginnen und leben. Andere Paare wollen heiraten, Kinder bekommen und eine Unterstützung für das Alter haben. Neben der Sexualität ist diese Unterstützung im Alter wichtig.

Frau Y erzählte weiter, dass bei ihnen einerseits die unterschiedliche Erziehung und Sozialisierung und andererseits die fehlende Kommunikation zu Problemen führen. Manchmal beschäftigen sie Gedanken wie die Entfernung von der Heimat, die Verwandschaft und Freunde im Iran, aber aus Angst, den anderen traurig zu machen, sprechen sie nicht darüber. Wenn dann einer von ihnen etwas anspricht, hat der andere möglicherweise gerade in dem Moment keine Lust, darüber zu sprechen, was wiederum zu Missverständnissen oder Verletzungen führt.

Ihrer Meinung nach haben Paare im Iran Streitigkeiten aufgrund von finanziellen Problemen, aber auch kulturell bedingt kommt es zu Streit. Auch Neid ist ein Phänomen, das zu Konflikten führt. Sie sagte, dass du manchmal deinen Nachbarn in einem prächtigen Haus wohnen siehst, obwohl er vielleicht keine Bildung genossen hat und ohne größeren Aufwand erfolgreich ist. Seine Kinder sind gut ausgebildet und führen ein gutes Leben. In anderen Fällen haben Paare Streitigkeiten wegen der Kinder, da diese Wünsche haben und sie können diese Wünsche nicht erfüllen. Sie vergleichen sich mit anderen, die weniger Bildung haben, aber mehr Wohlstand und Erfolg erreicht haben.

... ich denke wir sind seit 38 jahre verheiratet. genau weiß ich nicht ... (Frau Y, Abs.18).

... wir waren in einem stadtteil. er war freund von meinem bruder. Ich habe einen bruder, der sehr sehr fanatisch ist. Er war sehr dagegen, dass ein mädchen einen Freund nahm. Aber er hat selbst eine Freundin, ein mädchen aus meiner klasse, genommen. Sein freund besuchte uns zuhause. Ich war in der Zeit in Ausbildung. Irgendwann sagte er zu mir dass er mit mir gehen möchte. Wir waren drei vier jahre befreundet. Dann kam zur revelution. Nach der revelution konnten wir uns nicht so einfach treffen. Wir mussten uns zuhaus treffen. Bei uns gab es zehn zwanzig kinder (lacht). Kinder von tanten, nachbarn usw. (lacht). Draußen konnten wir uns nicht treffen, da wenn sie uns festnahmen, wurden sie uns paytschen. Deshalb haben wir geheiratet und zehn monate später wurde er festgenommen (Frau Y, Abs. 6).

... heutzutage weiß ich nicht, wie die paare im iran zusammen kommen, aber damals war meistens so, dass die modernen sich irgendwo in einem seminar oder demostration usw. traffen und manchmal sahen sich auf der straße und mochten sie sich und sprach der junge mann mit seiner familie und sie haben bei der familie des mädchens um ihre hand gebeten (Frau Y, Abs.10).

Inwiefern beeinflussen die Flucht und ihre Folgen die Paarbeziehungen von Flüchtlingspaaren?

... in unserem fall wollten wir anders als andere paare zusammen ein leben beginnen und leben. wir haben vorgehabt ohne feier zum standesamt gehen und ich wollte nur mit einem koffer voller bücher zu ihm gehen. aber da haben wir auch gemerkt dass die familie viele leute aus der ganzen straßen eingeladen haben und auch feier organisert haben. andere paare wollen heiraten zusammen kinder bekommen. stütze für das alter haben. außer sexualität ist die stütze für das alter wichtig... (Frau Y, Abs. 12).

... ich wollte keine kinder haben weil ich von einer großen familie abstamme und bevor wir geheiratet haben sagte ich ihm meine bedingung ist dass ich keine kinder haben möchte. er wollte kinder und liebte kinder. zuerst gesagt dass es ohne kinder nicht geht. aber als ich betonte dass ich keine kinder haben will hat er zwei tage darüber nachgedacht und dann kam er und sagte okay hauptsache wir bleiben als sehr gute freunde bis zum ende unseres lebens zusammen. wir haben sehr schöne beziehung und haben mit vielen traditionen gebrochen ... zum beispiel damals insbesondere in unserer stadt dürften die mädchen und die jungs vor dem heirat nicht zusammen sein oder gemeinsam eine reise machen. meine familie wusste dass ich mit X (der Name des Ehemannes) befreundet bin ... oder damals war so wenn ein paar geheiratet hat stand jemand hinter dem schlafzimmer umzuerfahren ob die frau jungfrau ist. wir haben das nicht akzeptiert. wir haben entschieden zu verreisen und niemand dürfte uns fragen ob ich jungfrau war ... (Frau Y, Abs. 14).

bei uns waren die gründe für die probleme einmal die unterschiedliche erziehung des elternhauses sozialisation. manche sachen waren für mich normal jedoch für ihn nicht und umgekehrt auch. dann ist da die entfernung die ungewollte entfernung vom Heimatland die flucht. manchmal vermissen wir die heimat sehr sehr aber wir können nicht hin. dann können wir nicht immer miteinander darüber sprechen. ich rede nicht. ich habe angst dass er traurig wird. auch umgekehrt ist so. manchmal war in seinen gedanken bei seinen freunden im gefängnis im iran und manchmal dachte er an seine familie im iran die vermisst sind. er sprach nicht darüber. dann habe ich etwas gesagt und er hat keine lust dann war ich beleidigt. das war manchmal umgekehrt auch so. ein grund war auch dass wir nicht wussten was aus unserer zukunft wird. unsere abschlüsse wurden hier nicht anerkannt. zum beispiel hatte mein mann landwirtschaft studiert. hier musste er wieder von erstem semester beginnen. jemand der gefoltert wurde muss hier deutsch mit anderen lernen die normal waren und ich war Lehrerin. mein abschluss wurde nicht anerkannt. man muss auch gute sprachkenntnisse als lehrer haben das verstehe ich (...) aber in unserer lage flucht fehlte uns konzentration auch fehlte uns etwas fleiß (lacht) und wir dachten auch, wir gehen schnell zurück ... (Frau Y, Abs. 38).

... im iran haben die paare mehr streit wegen finanzen (...) und kulturell dann neid (...) du siehst dein nachbar ein schloss hat (...) aber er hat keine bildung (...) hatte keine Mühe (...) aber seine kindern sind erfolgreich haben studiert haben gutes leben ... ein paar hat streit wegen kind (...) kinder haben wünsche (...) sie können diese wünsche nicht erfüllen. gucken die andere hatte weniger bildung ... sie haben geld und haben viel erreicht ... (Frau Y, Abs. 40).

Frau A erklärte, dass sie im Iran Hausfrau war, während ihr Ehemann allein das Geld verdiente. Er arbeitete im Bazar. Daher hatte er für sie auch einen ganz besonderen Stellenwert.

Sie sagte, dass eine Beziehung auf gegenseitiger Liebe und Unterstützung basieren sollte. Ein Paar muss sich füreinander gute Gesundheit, Freude, Erfolg usw. wünschen. Ein Paar fühlt sich aufgrund gemeinsamer Ziele, Vorteile und einer gemeinsamen Geschichte nahe, sagte sie. Sie sagte weiter, dass all das in ihrer Beziehung gefehlt habe. Sie hat keine Unterstützung erfahren. Sie erklärte, dass ihre Partnerschaft eher wie eine Wettbewerbsbeziehung gewesen sei.

Aus ihrer Sicht hat Sex in der Verhaltensweise des Mannes in ihrer Beziehung eine Rolle gespielt. Er war ausgeglichener, wenn er Sex hatte.

Nach ihrer Ankunft in Deutschland stellte sie nach einiger Zeit fest, dass sich ihr Leben in Deutschland veränderte. Als Beispiel erwähnte sie, dass der Ehemann ihren Pass nicht mehr ohne sie abholen durfte. Sie musste selbst unterschreiben, um den Pass zu erhalten. Das hatte auch Auswirkungen auf das Verhältnis zum Ehemann. Er begriff nicht, warum er hier nicht mehr so viel Macht wie im Iran hatte. Sie stellte fest, dass sie in Deutschland eine andere Stellung hat und nicht mehr von ihrem Mann abhängig ist.

Sie erzählte, wie im Iran ein männlicher Verwandter wie der Ehemann, Vater oder Bruder die Entscheidungen für eine Frau oder ein Mädchen trifft. Das machte dem Paar klar, dass in Deutschland andere Regeln gelten. Durch ihre Unterschrift zum Abholen des Passes erkannte sie zum Beispiel, dass sie hier eine Identität hat, was ihr zuvor im Iran gefehlt hatte.

Ein weiterer Punkt war das Geld. Sie stellte fest, dass sie genauso wie der Mann Sozialleistung/Geldleistung erhält und darüber verfügen kann, wie sie möchte. Im Gegensatz zum Iran hatte sie Macht über das Geld und konnte bestimmen, wofür es ausgegeben wird.

Weiter erzählte sie, dass sie als Mädchen und Ehefrau im Iran keine Möglichkeit hatte, Erfahrungen in verschiedenen Bereichen zu sammeln. Im Gegensatz dazu haben Jungen und Männer im Iran viele Freiheiten und Möglichkeiten. Das vermittelt den Männern das Gefühl, dass sie mehr können, während die Frau im Iran das Gefühl hat, dass sie unfähig ist. In Deutschland begann das Paar zusammen Deutsch zu lernen. Beide hatten zuvor keine Deutschkenntnisse. Auf einmal bemerkte sie, dass sie die Sprache sogar besser als ihr Ehemann lernte. Früher wusste der Ehemann alles besser und konnte alles reparieren. Er war informiert.

88

Nun stellte sie fest, dass der Ehemann überrascht war, dass sie besser lernte. Er begann, sie beim Erlernen der Sprache zu fragen. Frau A sagte, dadurch glaubte sie an sich und stellte fest, dass die deutsche Gesellschaft ihr Wert zuschrieb und ihr fast die gleichen Chancen einräumte. Allerdings waren diese Veränderungen im privaten Bereich, also zuhause, nicht zu spüren, sagte sie. Sie musste weiterhin alleine den Haushalt führen und sich um die Angelegenheiten des Kindes usw. kümmern. Während der Mann sich nach dem Kurs zuhause erholte, kümmerte sie sich um das Lernen und anschließend um das Familienleben. Die Veränderungen waren nur außerhalb des Hauses spürbar. Sie kümmerte sich ebenfalls um die Bearbeitung der Aufgaben vom Integrationskurs und musste auch die Lösungen ihrem Ehemann überlassen. Trotz all der Arbeit stellte sie bei sich Fortschritte fest und das stärkte ihr Selbstwertgefühl, sagt sie. Etwas später forderte sie von ihm, dass er auch zuhause Aufgaben übernehmen sollte. Das führte im Laufe der Zeit zu Streitereien. Er bemerkte, dass Veränderungen in der Beziehung in Deutschland stattgefunden hatten. Diese Veränderungen gefielen ihm nicht. Sie veränderten seinen Stellenwert in ihren Augen.

Aus ihrer Sicht ist die wirtschaftliche Unabhängigkeit in Deutschland sehr wichtig. Sie bekam von Anfang an die Möglichkeit zu arbeiten. Ihre Chancen waren besser als die ihres Ehemanns, da sie bereit war, jede Arbeit anzunehmen. Der Ehemann lehnte einige Jobs ab, weil er diese unter seiner Würde fand. Sie dachte, dass sie mit der Arbeit Geld verdienen könnte. Sie konnte so auch mit anderen Menschen in Kontakt sein und dadurch die deutsche Sprache besser lernen. Er dachte nicht so.

... ich war hausfrau und mein mann war im bazar tätig. das heißt er war für alle wirtschaftssachen verantwortlich. mein mann hat für mich ein bersonderer platz gehabt ... (Frau A, Abs. 2) ... wissen sie die nähe von zwei personen und der Existenz von gemeinsamen vorteilen bringt den menschen sehr nah. der existenz von gemeinsamer geschichte gemeinsamer vorteile sie bringen menschen sehr nah. wenn du gemeinsame vorteile hast zwangsweise gehst du den gleichen weg (...) das ist die basis was eine familie formt. das ist aber nicht alles. sich lieben sich gern haben das ist in wirklichkeit etwas was familie darauf baut ... es gibt eine liebe wenn die menschen sich lieben. sie wollen gegenseitig für den partner gesundheit freude weiterentwicklung erfolg. vielleicht können sie auch nichts für einander tun aber wenn dieser herzliche wunsch vorhanden ist ist sehr gut. schließlich kannst du mit deinen worten mit deinem dasein unterstützen helfen. ich hatte in meiner beziehung mit X (Name vom Ehemann) das nicht gehabt. niemals wenn ich niemals sage heißt nicht gar nicht. aber sehr wenig in einer 10 jahre beziehung so dass ich als gar nichts sehe. meine beziehung mit X (Name vom Ehemann) war konkurenz anstatt unterstützung zu verstehen ... (Frau A, Abs. 22).

Inwiefern beeinflussen die Flucht und ihre Folgen die Paarbeziehungen von Flüchtlingspaaren?

... x (Name des Ehemannes) ist sehr ausgeglichen wenn er regelmäßig sex hat und wenn er unregelmäßig oder gar kein sex hat ist er sehr durcheinander ... (Frau A, Abs. 60).

... dann nach einer Zeit passiert was nach dem du hier ankommst. passiert etwas. hier bist du wer für dich. du bist nicht mehr abhängig von jemanden. unser asylangelegenheit wurde sehr schnell geregelt. als mein mann die pässe abholen wollte wurde ihm gesagt dass ihre frau kommen muss um zu unterschreiben. er ist wütend geworden sagte ich bin ihr mann warum gibt ihr mir nicht so was war im iran nicht passiert dann ist er so wütend gewesen als er nach hause kommen wollte ist er vorher zu einem freund gegangen sagt ihm dass ihr pass wurde mir nicht gegeben. ei gucke mal hier (lacht) dann hatte er zu ihm gesagt hier ist so. jeder muss selbst hingehen und unterschreiben. dann ist er zu mir gekommen und wir sind zusammen hingegangen. er war nicht sehr zufrieden. das heißt er hat von anfang an erkannt dass es sich hier etwas wichtiges geändert hat. sie muss selbst kommen ihre unterschrift ist wichtig. wissen sie im iran gibt es so was nicht. ehemann oder vater oder ein mann der älter ist darf für dich als frau entscheidung treffen. gehen deine papiere bekommen gehen dich verheiraten (lacht) ... so ereignis in deutschland passiert so kurz am anfang und wenn sie mir sagen komm unterschreibe und nimm dein pass erkenne ich dass mir eine identität gegeben wurde. dann merkst du das hast vorher nicht gehabt ... das geld was euch gegeben wird auch geteilt wird. ah ya etwas anderes was passiert ist es dass du siehst das geld welches auf das konto überwiesen wird am anfang auch das soll eingeteilt werden. aber sogar auch hier ist es so dass wenn ein älterer in der familie von einer Frau existiert wird das geld auf sein konto überwiesen. das heißt wieder auf sein name. am anfang als wir hier kamen wusste ich diese sachen nicht. später habe ich zum beispiel gehört die leute die wie wir nach deutschland gekommen sind haben ein gemeinsames konto auf name von beiden. in unserem fall war das vorhandene konto auf namen von meinem mann. dann merkte ich dass das geld welches überwiesen wird gehört mir in wirklichkeit genauso. mir wird genauso viel geld gegeben wie er. das heißt aus der sicht einer person die in einer familie war wo immer der mann das geld nach hause gebracht hat und deshalb hat er immer die entscheidungen getroffen wie das geld ausgegeben wird. du musstest seine erlaubnis irgendwie bekommen entweder ganz offiziell zum beispiel ihm sagen du willst das oder öfters wenn er damit nicht einverstanden ist musst frauenmethoden nutzen um etwas geld für deine ziele auch ausgegeben wird. auf einmal anders siehst du hier dass du die entscheidung triffst. das heißt du kannst das geld bekommen und sagen ich möchte das davon kaufen oder was anderes kaufen. das ist das phänomen was hier passiert. dir das klar wird dass du auch macht hast und du kannst was tun. ein anderes phänomen welches hier passiert war war es dass wir beide die deutsche sprache nicht beherrschten. wir haben beide angefangen zu lernen. in der iranischen gesellschaft haben männer aufgrund von erziehung möglichkeiten. für die männer in der gesellschaft viel mehr möglichkeiten viele chancen sie haben viele sachen vorher ausprobiert haben viele sachen gelernt welche eine hausfrau nicht gelernt hat. ein mädchen dürfte dies nicht machen dürfte das nicht machen. in wirklichkeit hatte es keine erlaubnis in vielen sachen erfahrung zu machen. während ein mann diese hatte. dann jetzt kommen sie zu einer situation. wollen etwas beide anfangen. dann siehst du auf einmal du bist hin hast gelernt viel besser als dein mann. du kannst kannst kannst kannst (lacht) und dann kommt der mann baff und fragt dich du weißt es war so dass er immer wusste. immer hat er alles repariert. immer hat er mehr information über dies und jenes als du gehabt. dann glaubst du langsam langsam an dich. du siehst die gesellschaft gibt dir wert. du hast fast gleiche chancen. wir haben solche probleme zum beispiel dass wir zusammen zum sprachkurs gingen und zusammen kamen nach hause. zum beispiel machte dann mein mann nachmittagsschlaf und ich saß und lernte. für den kurs habe die neue

wörter rausgesucht. diese schrieb ich dann nieder. ich machte das kind für das bett fertig. habe das essen für den nächsten tag zubereitet. die veränderungen beschränkten sich in meinem lebenssystem außerhalb des hauses. in meinem haus war das system noch das iranische system. sehen sie das heißt ich musste nicht nur den haushalt allein erledigen auch die verantwortung für das kind hatte ich. okay ich musste auch lernen zum beispiel als ich das kind zum schlafen wegbringen wollte sagte er mir gib mir die wörter, die du übersetzt hast. tat so als ob er sie bearbeitet hat (lacht) (unv.) übersetzt vorbereitet händigte ich sie aus. er guckte sich diese an. trotz allem ich sah dass ich gut fortschreite und das hat mir viel selbstwertgefühl vermittelt. dann kam ich langsam langsam zum ergebnis dass ich diejenige bin die wörter übersetzt und jeden tag den abwasch macht. dann mach doch heute den abwasch oder mach heute diese sache so beginnen langsam langsam die streitereien. ich kann mich daran erinnern fünf oder sechs monate waren wir hier. einmal waren wir unterwegs als wir zur schule gingen. wir haben ein großes Buch und ein großes heft. ich sagte ihm halte meine tasche. weiß nicht mehr. wollte meine mütze aufsetzen. handschuhe nehmen. hat meine tasche genommen. dann nach ein paar schritten hatte ich meine sachen gemacht. schnell gab er meine tasche zurück und sagte nimm deine tasche. hier sind die rechte gleich. jeder muss eigene tasche tragen (lacht). das heißt er hat nach unserem ankommen nach einigen monaten erkannt hat dass welche veränderungen passieren. in wirklichkeit mochte er diese veränderungen nicht. liebte sie nicht und fühlte dass diese sein stellenwert bei mir irgendwie ins wanken kommt (...) die wirtschaftliche unabhängiget ist hier sehr ausschlagebend wenn du hier kommst. wenn eine frau wirtschaftlich teilweise sicher ist und dann von anfang an die möglichkeit für die arbeit vorhanden ist für mich war mehr möglichkeit als für X (Name des Ehemannes) weil ich bereit war jede art arbeit zu machen. damit ich etwas geld bekomme. X (Name des Ehemannes) war es nicht bereit jede form von arbeit zu machen. er sagte zu welchem Job solche arbeit ist unter meiner würde und manch andere arbeit mochte er nicht. aber ich dachte in einer phase gehe ich geld verdienen. etwas kennen lernen. meine sprachkenntnisse besser werden. mit anderen menschen sprechen. aber er hat so nicht gehandelt ... (Frau A, Abs. 2) ...

Frau G erzählte, wie das Paar sich aufgrund der Hartnäckigkeit der Stiefmutter des Ehemannes kennengelernt hat und schließlich geheiratet hat. Weder sie noch ihr Ehemann waren ursprünglich grundsätzlich für eine Heirat. Aber nachdem sie sich kennengelernt hatten, entschieden sie sich dafür. Sie war damals 25 Jahre alt. Heute ist sie 40 Jahre alt. In diesen fünfzehn Jahren hat sich im Iran, zumindest in den großen Städten, vieles verändert. Sie sagte, dass heutzutage viele Mädchen nicht mehr heiraten möchten.

Heutzutage können junge Frauen im Iran auch Beziehungen ohne damit verbundene Verantwortung eingehen und ihre Freiheiten genießen, weshalb sie oft kein Interesse mehr an der Heirat haben. Ihre Schwester, die selbst Kinder hat, hat ihr das erzählt. Frau G geht davon aus, dass es einen Unterschied macht, ob die Menschen in einer Großstadt oder in einer Kleinstadt leben. In kleinen Ortschaften herrschen noch traditionelle Normen, während in den großen Städten die Moderne Einzug gehalten hat.

Frau G geht davon aus, dass im Iran die Paarbeziehungen unter der wirtschaftlichen und finanziellen Lage leiden. Da Männer unter Druck stehen, den Lebensunterhalt zu finanzieren, müssen sie oft zwei oder sogar drei Jobs haben. So sind sie oft weit weg von ihren Frauen. Dies führt häufig zu Affären oder sogar parallelen Bezieungen.

Frau G zufolge sind die Ziele von Frauen und Männern in einer Beziehung unterschiedlich. Auch die Schwerpunkte und Prioritäten der einzelnen Personenen sind unterschiedlich, was die Dynamik in der Paarbeziehung beeinflusst.

Was ihre eigene Beziehung betrifft, sagte sie, dass sich die Partnerschaft in Deutschland verändert hat. Im Iran hatten sie oft aufgrund ihrer wirtschaftlichen Lage Konflikte und wenig Zeit füreinander. Sie sagte, dass ihre Beziehung in Deutschland einen Neuanfang gemacht hat. Hier nehmen sie sich Zeit und sprechen viel miteinander über die Themen, die sie beschäftigen.

vor ungefähr achtzehn jahr gab irgendwann ein monat das heißt moharam. meine mutter war in moschee und meine kleine schwester wollten meine mama rufen … also unterwegs hat … stiefmutter von meinem mann uns gesehen. hat ihr gefallen und einfach zu meiner mutter gegangen. meine mutter hat gesagt nee sie will nicht heiraten. wir haben schon vielmals versucht nee sie schaffen das nicht. sie will nicht heiraten und dann wir waren zurück nach hause. die frau wollte unsere adresse haben aber meine mutter hat ihr nicht gegeben. trotzdem hat sie uns gefolgt und unsere adresse gefunden … ja dann ja wie genau meine mutter gesagt hat wollte ich eigentlich nicht heiraten. das war nicht meine sache. ich war 25 jahre alt. hab ich meine studium beendet und hatte ich schon in der zeit auch eine arbeit. wie unsere traditionell ist so dann die familie von den männer kommen zu uns und ja bringen blumen oder so. ja meine mann sagte dass er wollte auch genau gleiche wie ich. wollte nicht heiraten. wegen seine situation sie sind sieben geschwister also sechs geschwister und er hat so viele probleme mit also mit dieser schwiegermutter und wollte eigentlich als großer bruder die andere brüder helfen. war trotzdem gezwungen ja die frau hat ihn gezwungen. er sollte mitkommen weil einen termin für uns gemacht hat. dann hat er halbe stunde (lacht) vorher seinen freund angerufen gesagt mach ein blumchen kleine blumchen. wir wollen zu diesem termin gehen oder so und als er kam ich hab gesehen ohhhh so große blumchen (lacht). so große blumen also so viele blumen obwohl er wollte nicht. er wollte nur kommen als höflichkeit und das war es. er wollte nicht eigentlich … und ja als er kam. er lächelt. hatte sehr schönes lächeln. ich hab ihn zwischen die gardine gesehen. hat bisschen gefallen. danach wir haben uns kennengelernt und dann alles automatisch und ohne etwas nachzudenken … also wir haben schon in einem jahr uns kennengelernt. danach wir sind schon verheiratet (Frau G, Abs. 8ff.) … ich bin also 40. aber jetzt wenn ich mit meiner schwester rede da sagt sie mir bei ihren kindern ist ganz anders. ganz anderes jetzt heutzutage ist eine regel geworden. sie müssen vorher sich kennen lernen ... wenn man den mädchen sagt heiraten sagen sie das ist gar nicht ihre sache oder wollen gar nicht heiraten. wieso muss ich heiraten. ich hab mein leben. ich hab meine liebe. ich habe mein alles und brauche nicht das und ich heirate nicht. das ist auch im iran so geworden. also zurzeit so geworden ... ja die frauen müssen auch verantwortung übernehmen. deshalb die wollen nicht heiraten damit die mehr freiheit haben und für sich selbst sind und machen eigentlich was sie wollen ... also in kleinen städten da spielt traditionell ganz ganz große rolle ... aus meiner sicht partnerschaft bedeutet dass zwei personen unter einem dach zusammen lange zeit bis zum ende des lebens leben. das ist schwer zu erklären was bedeutet partnerschaft. ja natürlich ist viel verantwortung dabei. auch bei männer und frauen ist unterschiedlich. bei frauen bedeutet anderes als bei männer. ist anderes zum beispiel bei frauen. frauen wenn sie heiraten entweder entscheiden dass ich mit dieser person bleiben möchte. da heiraten möchte. die denken mehr über gesundheit für sich selbst und kümmern natürlich um die sachen dass die in der zukunft so sein soll. in zwei oder drei jahren möchte ich das kaufen oder ein auto kaufen so planen männer. mehr gehen arbeiten. geld verdienen. frauen arbeiten auch. ja natürlich kinder auch naja was bedeutet partnerschaft. im iran ist sehr sehr allgemein ... also freiheit auch finanziell spielt auch hier ganz ganz große rolle weil die wollen zeigen hey guck mal ich hab mit einem geheiratet dass er mich so gut unterstützt und so (...) //versorgrt// versorgt ja frauen und männer sind sehr sehr unterdruck im iran weil wegen dieser finanziellen sache. sie müssen irgendwie schaffen. egal wovon. das geld kommt. egal und der gehalt und lohn ist nicht so gut ... und aus diesem grund dass sie gut verdienen müssen haben zwei jobs manchmal und wenn sie wenig zuhause sind irgendwie irgendwann natürlich eine person kommt eine frau oder so eine neue beziehung. sie sagt dann warum musst du so viel arbeiten oder so. dann geht es los mit diesen problemen und zurzeit hört man im iran dass so viele paare sich entscheiden sich zu trennen ... der grund kann sexuelle sache sein. auch diese möchten sich frei lassen. ja also ich höre manchmal dass so viel ehen nach einem jahr dann ist diese beziehung ganz anders geworden. ehen also vor einem jahr sie waren ganz nett dann verliebt verlobt aber also nach einem jahr ist nicht mehr so. sie streiten wegen unterschiedlichen sachen. streiten und dann die männer können nicht wie die frauen diese probleme lösen die frauen reden mit der mutter mit freunde freundin über diesen problemen aber männer reden nicht ...sie gehen fremd und vielleicht so wollen die bisschen den kopf frei machen ... obwohl die frau oder der mann verheiratet sind und ein ehepaar haben die trotzdem ihre eigene beziehungen auch ... also wir reden mehr über verschiedene sachen dass wir vorher gar nicht darüber nachgedacht oder gar nicht geredet haben ... früher im iran unsere beziehung war nur wegen wirtschaftliche sache sehr sehr konflikttabel und sehr sehr ja wir hatten keine zeit für uns ja aber hier haben wir mehr zeit wir reden und ja (...) es ist wie ein neuer anfang so und man kann dann entscheiden ... (Frau G, Abs. 34 + 72 + 80 + 104 + 124 + 132 + 136 + 180 + 182 + 200 + 428).

> **Erlebte Hilfsformen in Deutschland**

Die Erfahrungen der Befragten sind sehr unterschiedlich. Die Bandbreite reicht von keiner Hilfe bis zu sehr viel Unterstützung.

Das Paar, Herr & Frau S, sagte, dass sie anfangs keine Hilfe erhalten haben. Im Laufe der Zeit haben sie selbst über die Medien von Hilfsmöglichkeiten erfahren. Sie gaben außerdem an, dass die Iraner in Deutschland gar keine Informationen über das Leben in Deutschland haben. Die Menschen sollten von Anfang an Informationen über das Leben in Deutschland erhalten.

Herr S sagte, dass Iraner im Iran sind. Das ist das Heimatland. Sie alle wissen, wie es dort läuft, weil ihre Väter und Mütter dort über Generationen hinweg gelebt haben. Sie wissen, wie jemand dort leben kann. Zuerst müssen die Flüchtlinge deshalb irgendwie ein Bild vom Leben in Deutschland bekommen.

Frau S sagte, dass Menschen, die bereits Bekannte in Deutschland haben, über diese Bekannten viele Informationen über Hilfsorganisationen erhalten. Wenn jedoch jemand keine Kontakte im Aufnahmeland hat, steht er alleine da. Es ist wichtig sicherzustellen, dass die Neuankömmlinge Informationen über ihr Aufnahmeland erhalten.

... nee am anfang hab ich über die Hilfen nicht bescheid gehabt. in den laufenden jahren in deutschland hab ich langsam langsam zum beispiel wie gesagt in der zeitung gelesen. es gibt so was oder in der fernsehen hab ich gesehen die experte über dieses thema diskutieren. deshalb hab ich so gewusst. es gibt solche möglichkeit in deutschland. sonst nee hab ich nichts gewusst ... ich möchte erstmal sagen die leute die kommen aus iran und wollen in deutschland leben diese leute haben überhaupt keine richtige information vom leben in deutschland. sie sind in iran. das ist mutterland oder vaterland. wissen wir alle wie dort läuft weil unsere väter unser mütter ganze generationen dort gelebt haben. wir wissen wie man dort leben kann ... erstmal müssen die leute irgendwie ein wahres bild vom leben in deutschland bekommen ... (das Paar, Ehemann, Abs. 79 + 93).

... natürlich wenn man bekannte hat in deutschland kann man durch die bekannt na die so lange in deutschland sind automatisch bekommt man solche informationen. solche organisationen von den bekannten na aber stellen wir uns vor wenn jemand nach deutschland kommt kennt niemanden na dann ist er allein ... aber diese information muss man bekommen ... (das Paar, Ehefrau, Abs. 83 + 94).

Frau N sagte, dass sie von ihrer Schwester und vom Arbeitsamt Unterstützung erfahren hat. Später erhielt sie auch Hilfe von privaten Personen. Sie ging davon aus, dass ihre offene Art und ihre Bereitschaft, um Hilfe zu bitten, dazu geführt haben, dass die Menschen ihr geholfen haben.

zunächst von meiner schwester und dann vom arbeitsamt mit viel hin und her auch später habe ich gute menschen getroffen meine art offen hilfesuchend ... führte dazu dass die leute mir schrittweise geholfen haben ... (Frau N, Abs. 36).

Frau H erzählte, dass sie nach ihrer Anerkennung in die Stadt X (in Norddeutschland) zog. Etwa zwei Monate lang war sie bei ihrern Freunden. Dann fand sie mit Hilfe der Stadt eine Wohnung. Diese Zeit war sehr schwierig für sie, da sie nur sehr wenig Unterstützung erhielt. Einige ihrer Freunde halfen ihr ein wenig. Sie war in der Zeit körperlich sehr schwach. Nach etwa zwei Jahren fand sie eine Anstellung in einem Hotel. sie wollte sicherstellen, dass ihr Sohn und ihre Tochter finanziell nicht in finanzielle Engpässe geraten.

Obwohl sie in der Zeit körperlich sehr schwach war, war sie aber dennoch aktiv. Sie traf sich mit iranischen Frauen, die ähnliche Ideale wie sie hatten und sie bildeten eine Frauengruppe. Sie arbeitete mit diesen Frauen, was ihrem Seelenleben gut tat. Sie wollte mehr Zeit mit ihnen verbringen. Sie führten gemeinsam mit diesen iranischen und mit einigen deutschen Frauen Theaterarbeit durch, obwohl sie nicht gut Deutsch konnten. Ihre Deutschkenntnisse waren in der Zeit sehr begrenzt, also machte sie mehr mit Gestik. Sie wollte diese Aktivitäten nutzen, um so viel Zeit wie möglich außerhalb des Hauses zu verbringen. Der seelische und körperliche Druck belastete sie in dieser Zeit sehr, aber sie dachte, die Frauen könnten ihr besser dabei helfen, ihre Probleme in den Griff zu bekommen.

Sie sagte, dass sie professionelle Hilfe in Anspruch genommen hat, als ihr Ehemann sich von ihr trennen wollte. Er war ausgezogen, ohne zuvor mit ihr über die Trennung zu sprechen.

Sie hatte sich vergeblich um den Erhalt der Beziehung in Deutschland bemüht. Ihr Ehemann sagte ihrer gemeinsamen Tochter, dass er ein neues Leben beginnen wolle. In der Zeit, als er im Gefängnis war, wurde er erniedrigt, gefoltert und verletzt. Deshalb könne er nicht mehr mit Frau H, seiner Frau, zusammenleben.

In dieser Phase suchte Frau H nach Beratung bei einem persischen Berater. Sie fand einen iranischen Therapeuten und sprach später auch mit einer iranischen Sozialpädagogikstudentin, nachdem ihr Mann weg war. Diese Gespräche haben ihr geholfen.

... nach anerkennung zog ich in stadt X (eine Stadt in Norden). ca. zwei monate war ich bei einem meiner freunde. dann habe ich über die stadt eine wohnung bekommen. dieser zeit war sehr hart für mich ... mir wurde sehr wenig geholfen... etwas hilfe von freunde ... ich war körperlich sehr schwach ... nach ca. zwei jahren habe ich arbeit in einem hotel bekommen ... ich wollte, dass mein sohn und meine tochter finanziell nicht in engpass sein ... ich war körperlich sehr schwach

aber ich machte auch soziale aktivitäten. ich habe mich mit iranischen frauen freunde getroffen die wie ich idologie hatten. wir bildeten eine frauengruppe. ich habe mit dieser frauen gearbeitet. für meine seele war das gut und deshalb wollte ich mit ihnen arbeiten und meiste meine zeit mit ihnen verbrachte. mit einige iranische frauen und deutsche frauen machten wir theaterarbeit obwohl wir nicht deutsch konnten. Meine deutschkenntisse war sehr wenig. ich machte mehr gestik. aber ich wollte das machen damit ich meiste zeit außerhalb des hauses sein konnte. der seeliche und körperliche druck störte mich sehr aber ich dachte die frauen helfen meine problem besser in griff zu bekommen. (Frau H, Abs. 54).

… irgendwann hat er ohne mir bescheid zu sagen ausgezogen hatte ein zimmer gemietet … sagte dass er dieses leben nicht aushalten könne … ich habe alles versucht um diese familienbeziehung zu halten … er meinte er hat ein neues leben. nochmals nach dem gefängnis und das will er genießen. leben … er sagte zu unserer tochter. ich war im gefängnis. wurde erniedrigt. verletzt gefoltert und ich kann nicht mit deiner mutter leben. ich will ein freies leben führen … dann ging … da hatte ich nach der trennung sogar mit berater gespräche und er sagte mir dass ich einen 50-jährigen mann nicht ändern kann. ich muss mein verhalten ändern und gucken wie ich mit meinem verhalten diesen menschen so gemacht habe … nach der trennung acht Monate mit einem iranischen therapeuten habe gespräche geführt. welche sehr hilfreich war. dann war ich einige monate mit einer iranerin die Sozialpädagogik studiert hatte im Gespräch … (Frau H, Abs. 57f. + 91f.).

Frau M erzählte, dass sie an Maßnahmen zur beruflichen Integration teilgenommen hat. Dort hat sie iranische Frauengruppen kennengelernt. Dabei lernte sie auch die iranische Bibliothek und andere Iraner kennen.

… in Stadt X Kurse belegt Vorbereitung auf die arbeitswelt. so lernte ich die frauengruppen kennen … habe die leute in der bibliothek iranische kennengelernt … (Frau M, Teil 2, Abs. 2).

Frau T erklärte, dass sie in Bezug auf ihre Paarbeziehung keine Hilfe erhalten haben, da sie nie über die Probleme in ihrer Beziehung gesprochen haben. Allerdings haben sie von ihren Freunden in Bezug auf andere Alltagsanliegen viel Unterstützung erhalten.

Nach der Trennung nahm sie an zehn Therapiesitzungen teil, bei denen sie nur gesprochen hat. Zunächst glaubte sie nicht, dass dies ihr helfen würde, aber am Ende stellt sie fest, dass diese Gespräche ihr doch geholfen haben.

… für unsere beziehung haben wir nix weil keiner davon mitbekommen hat und ich selber auch nicht (lacht) und aber für andere sachen viele hilfen von freunde bekannte … (Frau T, Teil 2, Abs. 226)

… als ich getrennt war auch studierte gleichzeitig ich war auch bei psychologin. zehn stunden hab ich bekommen von dings. ich weiß es nicht einmal war eine ältere dame. da hat sie mich zu einer anderen geschickt. sie war eine junge hübsche glückliche deutsche diplompsychologin. noch nicht

mal fertig und ich dachte mir ah sie versteht mich überhaupt nicht. aber trotzdem sie hat mich ge-
lassen dass ich geredet habe. manchmal sie wollte was von mir wissen. nee weil einmal hat diese
ältere psychologin ein blatt mir gegeben sie wollte mich trösten und ich habe geguckt das ist ein
gedicht von roumi (roumi ist ein persischer sufist) (lacht) übersetzt in deutsche sprache und ich
dachte oh ich war unzufrieden mit dieser übersetzung (lacht.) aber ich sagte der ist (...) ich hab
angefangen über roumi reden. ich dachte ich sagte ich habe das studiert dies und das und die
dame wollte NUR hören was ich sage (lacht) über roumi oder unsere iranische mystik über litera-
tur. dies und dass und dann ist mein problem schon vergessen (lacht) so so professionelle hilfe ...
zehn stunden habe ich bekommen ja (...) aber damals dachte ich das hilft nicht. nee als diese zehn
stunden vorbei war doch hat geholfen ja... (Frau T, Teil 2, Abs. 228).

Frau L sagte, dass sie Unterstützung vom Jobcenter für ihren Lebensunterhalt und den Besuch des Sprachkurses bekam. Während der Trennungsphase wurde sie von dem Verein „Kargah e.V. in Hannover" bei der Postbearbeitung und der Begleitung zum Gericht unterstützt. Dort sind viele Iraner, die helfen. Außerdem bekam sie von SUANA Unterstützung. SUANA gehört zu Kargah und bietet Hilfe gegen häusliche Gewalt in der Partnerschaft an. Obwohl es dort keine Beratung zur Paarbeziehung gibt, helfen die Mitarbeiterinnen von SIANA den Besucherinnen bei der Entscheidungsfindung. So gelang es ihr, die Entscheidung zur Scheidung zu treffen.

... hilfe für finanzielle und sprachkurs hat das jobcenter gegeben und für andere sachen kargah da
viele iraner da sind ... für die gerichtbesuche mit begleitung oder die bearbeitung von post. da im
iran wir gar keine briefe wie hier hatten oder gar nicht post bekamen ... kargah hat in meinem fall
mir sehr geholfen ... als wir probleme hatten hat die polizei sie kontaktiert und die suana (SUANA
ist eine Stelle in Kargah gegen häusliche Gewalt, die von der Polizei kontaktiert wird, wenn die
häusliche Gewalt bei einem Paar mit Migrationshintergrund vorkommt.) ... Kargah macht keine
paarberatung ... sie halfen mir bei der entscheidungsfindung ... kargah hat hoffnung gegeben ge-
holfen dass ich eine entscheidung treffe ... dass ich schaffte mich scheiden zu lassen ... (Frau L, Teil
2, Abs.16ff.).

Frau Y sagte, dass im Iran weder die Regierung noch die Eltern helfen. Die Meinungen der Eltern waren für sie nicht akzeptabel. Wenn sie Probleme hatten, erhielten sie Unterstützung nur von ihren Freunden. Hier ist es genauso, dass sie Hilfe von Freunden in Anspruch nehmen würden, wenn sie Probleme hätten.

Hier gibt es nur begrenzte Unterstützung für Paare. Wenn es eine geeignete Anlaufstelle gäbe, könnte diese viel bewirken. Solche Stellen hätten einen großen Einfluss auf die Paare. Viele Männer könnten davon profitieren und sich positiv verändern. Frauen sind immer bereit, zusammenzuarbeiten, zu sprechen und die Probleme zu lösen. Aber leider existieren keine Hilfestellungen. Es gibt keine Anlaufstelle, die von beiden Parteien akzeptiert wird. Da Frauen oft schneller die deutsche Sprache erlernen, gibt es Angebote wie Frauengruppen oder deutschsprachige Berater, die von Frauen genutzt werden können. Aber für Männer gibt es keine vergleichbare Unterstützung. Wenn es muttersprachliche Angebote gäbe, könnte dies von enormer Hilfe sein.

> ... hilfe im iran gar nicht (lacht) von der regierung nicht und von den eltern auch nicht deren meinungen waren für uns nicht annehmbar. wenn wir probleme hätten würden wir nur von unseren freunden hilfen bekommen. hier und im iran auch unsere freunde bekommen nur hilfen von freunden wenn sie probleme haben ... (Frau Y, Abs. 88)

> ... hier gibt es wenig hilfen für die paare. wenn es eine richtige stelle geben würde können viel helfen. können sehr viel einfluss auf ihnen haben. viele männer konnten gute einflüsse haben. männer ändern sich. konnten sie positive einflüsse haben da frauen immer bereit für die zusammenarbeit sind. bereit zum reden. bereit zum lösen von den problemen ... aber es gibt nichts. es gibt nicht eine stelle die beiden parteien annehmen und weil frauen schneller die deutsche sprache beherrschen. gibt es stellen wie frauengruppen oder deutsche berater wo die frauen hingehen. aber die männer haben keine stelle um die hilfe zu bekommen. wenn es muttersprachliche stellen für die hilfestellung geben würde würde sehr große hilfe sein ... (Frau Y, Abs. 100).

Frau A erzählte, dass ihre größte Herausforderung am Anfang, in den ersten Jahren, bei einer Beratung die Sprachbarriere war. Ihre Sprachkenntnisse waren nicht gut. Es war sehr schwer, jemanden zu finden, der persisch sprach und Beratung anbieten konnte. Tatsächlich schien es unmöglich zu sein. Schließlich fand sie einige private Berater, für die sie selbst bezahlen musste. Obwohl sie kostengünstig waren und ihr sehr geholfen haben, konnte sie sich das nicht immer leisten. Dann lernte sie eine Gruppe kennen, die ihr half.

> ... ehrlich am anfang in den ersten jahren waren mein problem bei einer beratung die sprachbarriere welche ich hatte. meine sprachkenntnisse waren nicht gut. jemanden zu finden die persisch spricht und die beratung machen kann ist sehr schwierig. in wirklichkeit war es unmöglich. dann habe ich welche privatberater gefunden und musste selbst das geld dafür zahlen obwohl muss ich sagen dass sie kostengünstig waren und haben mir sehr geholfen ... aber ich konnte mir das nicht immer leisten. bis ich eine gruppe gefunden und mit ihnen zusammen kam ... (Frau A, Abs. 140).

Frau G erzählte, dass sie zuerst mit ihm spricht, wenn sie Probleme mit ihrem Mann hat. Sie betonte, wie wichtig es ist, zuerst mit ihm zu reden. Darüber hinaus spricht sie gelegentlich mit einer Freundin. Mit ihrer Familie spricht sie normalerweise nicht über ihre Probleme. Aber sie sprach mit ihrem Psychologen, als Gespräche in Bezug auf Sexualität in ihrer Partnerschaft notwendig wurden. Sie betonte, wie wichtig es ist, ihrem Mann Zeit zu geben. So kann sie später Lösungen für Probleme finden. Sie betonte auch, dass das Paar heute zusammen sprechen muss.

Sie führte weiter aus, dass die Unterstützung beim Besuch des Sprachkurses und die günstige Monatskarte als finanzielle Hilfe wahrgenommen wurden. Die Kirchengemeinde half ihnen ebenfalls und dies half ihnen, sich mit ihren Problemen nicht alleine zu fühlen. Die Gemeinde half ihnen bei der Suche nach Lösungen. Sie unterstützten und kümmerten sich manchmal um die Familie, was Frau G ebenfalls als hilfreich empfand. Auch einzelne Personen halfen ihnen.

Sie sagte weiter, dass es eine Unterstützung ist, Geldleistung zu bekommen, was eine große Hilfe ist. Sonst gäbe es finanzielle Probleme. Darüber hinaus gibt es in der Schule auch die Möglichkeit für Migrantenkinder zusätzliche Unterstützung beim Erlernen der deutschen Sprache und Nachhilfe zu bekommen.

... wenn ich mit meinem mann problem habe rede ich mit ihm. also zuerst muss ich mit ihm reden ... also ich hab eine freundin. ich rede manchmal mit ihr. mit ihr rede ich darüber wenn ich problem habe. mit meiner familie rede ich nicht wenn ich problem habe. aber als es notwendig fand wendete ich mich auch an meinem psychologen ... aber ich muss lassen also ihm so ein bisschen zeit geben. danach werde ich eine lösung für dieses problem finden dann (...) heute ja müssen wir zusammen reden so ... ja wie vorher ich gesagt habe mit diesem sexuellen problem hab ich mich natürlich bei psychologe gemeldet. aber dann mit der familie hab ich nicht geredet. mehr mit freundlin und so ...

also hilfe war für mich selbst wenn man hier deutsch lernen muss. das ist sehr notwendig. das erleichtert und das war auch diese möglichkeit dass wir günstige monatskarte zum beispiel kaufen können. das war auch hilfe für mich finanziell und ja diese gemeinde finde ich auch gut dass wenn man sich nicht alleine fühlt. sie helfen dabei. manchmal sind die auch nett dass sie unterstützen und kümmern und die familie ja und das auch für mich eine hilfe. das war ja und auch noch hier wenn man hier in deutschland arbeiten möchte ist auch wichtig dass jemanden oder eine person oder gemeinde akzeptiert dass die person wie gut die person ist oder wie ist es überhaupt die person. ich hatte glück gehabt dass ich meine nachbarn obwohl sie war wirklich (...) rassist. aber trotzdem hat sie gesagt sie bräuchten in einer unterkunft für die flüchtlinge jemand. ich habe mich beworben. die haben abgesagt ich bin selbst dann dort gegangen und ich habe mit managerin gesprochen. mit chefin gesprochen und meine nachbarin arbeitete dort als sekretärin und sie hat gesagt ah ich kenne sie. sie ist gut also sie können ruhig in gute familie mit (unv.) und so so so hat etwas positives gesagt. die haben schon sofort mich angenommen und dann habe ich dort gearbeitet. das war auch eine hilfe für mich. sonst also außer diese (...) konnte ich nicht. das war auch eine hilfe ja (...) sehr schön. das ist auch also diese unterstützung. der leistung dass man hier geht ist auch hilfe. sonst man hat so viele probleme hier ohne geld ... das ist auch große hilfe (...) und in der schule gibt es für die migranten auch diese möglichkeit dass die kinder extra dort

Inwiefern beeinflussen die Flucht und ihre Folgen die Paarbeziehungen von Flüchtlingspaaren?

deutsch lernen und sprache beherrschen nachhilfe kriegen das ist auch gute sache ... (Frau G, Abs. 456 + 458 + 484).

> ### ➢ Perspektive für die Zukunft aus der Sicht der Betroffenen

Die Interviewpartner sprachen über unterschiedliche Wege, wie ihnen geholfen werden kann. Sie äußerten sich auch darüber, wie die Integration in der Gesellschaft zustande kommen kann.

Das Paar, Herr & Frau S, gab an, dass die Aufnahmeunterkünfte nach Herkunftsländern aufgeteilt werden sollten. Der Grund hierfür liegt in den häufig auftretenden Konflikten und Gewalttätigkeiten zwischen verschiedenen Volksgruppen in den Unterkünften aufgrund kulltureller, politischer und religiöser Unterschiede.

Die Mitarbeiter sollten die Sprache der Bewohner in den Aufnahmeunterkünften beherrschen, um effektiv mit den Flüchtlingen zu kommunizieren.

Herr S sagte, dass ohne Deutschkenntnisse und Dolmetscher oder Fachkräfte, die die Muttersprache der Flüchtlinge verstehen, keine richtige Hilfe geleistet werden kann. Es kommt nicht zur optimalen Kommunikation.

Auch gibt es aus seiner Sicht weiterhin Probleme mit der Integration. Nach dem Besuch eines Sprachkurses findet aus seiner Sicht keine Integration statt, da die richtigen Instrumente und Hilfestellungen fehlen, erklärte Herr S.

Frau S sagte, dass Einrichtungen zur Hilfestellung notwendig sind. Solche Einrichtungen gibt es bestimmt, aber die Flüchtlinge kennen sie nicht. Sie betonte, dass die Flüchtlinge über ein Flyer darüber informiert werden könnten.

Hr. S sprach auch über die Ungleichheit in der deutschen Gesellschaft und die begrenzten Chancen für die Migranten. Er zog einen Vergleich zwischen der amerikanischen und der deutschen Gesellschaft hinsichtlich der Mitarbeiter in den Behörden beider Länder. Zudem erwähnte er die Unruhen in Frankreich aufgrund von Rassismus und Ausgrenzung.

Herr S äußerte Kritik an der Integrationspolitik in Deutschland und betonte, dass aus seiner Sicht nur wenige Migranten in den Behörden arbeiten. Er erwähnte die türkischen Migranten als Beispiel in Deutschland, die trotz vieler Jahrzehnte immer noch nicht ausreichend in der deutschen Gesellschaft integriert sind. Den Grund sah er in der Politik.

... erste aufnahme muss für jedes land ... eigene zum beispiel iraner afghaner die leute aus syrien die leute aus kosovo eine bestimmte stadt eine bestimmte erste aufnahmestelle bekommen. ich meine alle länder sollen nicht zusammen sein und jedes land muss eigene gruppe haben. meine iraner afghaner oder so. dann muss eine beamte oder beamtin mit sprachkenntnissen zum beispiel persische sprache oder arabische sprache dort sein und die konnte leute richtige information anbieten. zum beispiel ich bin neu. ich kann nicht eine wort auf deutsch. ich komme in eine neue ganz neue land ganz neue system. ich kann nicht. ich weiß es nicht was gibt ES HIER ÜBERHAUPT. die sagen bei mir gehst du hier ich gehe. die sagen hast du zum beispiel morgen arztuntersuchung. ich gehe untersuchung wenn ich andere probleme habe oder wenn ich andere frage habe bei die gesundheitliche richtung ... ich kann nicht meine probleme mit jemanden reden. ich sage nicht zum beispiel ich hab andere krankheit oder ich hab eine probleme. der arzt wie geplant nach dem plan blutuntersuchung das das das das. arzt macht das so. er kann nicht mit mir reden. fragt nur hast du andere problem. ich verstehe nicht. ich kann auch nicht mit der arzt reden. lieber herr doktor lieber frau doktor ich habe zum beispiel zahnschmerzen. ja ich kann nicht mit ihm kontakt haben. er oder sie kann nicht mit mir kontakt haben. wie kann ich eine information bekommen. auf welche weg auf welche grund heutige tag ist was anderes. damals wie gesagt gibt es keine internet. gibt keine //B2: Mhm// übersetzung. jetzt im alle handy kannst du schreiben auf deine sprache mit einem knopf kommt auf deutsch. wenn kannst du nicht lesen kannst du bei die arzt sagen ich hab solche problem. der liest ja okay aber der system das meine asylsystem in deutschland ist sehr falsch. die integrationskurs hier sagen integration integration. wir müssen versuchen die leute integrieren. wie wie integrieren. die lassen ja die leute nehmen sprachkurs. gehen bei sprachkurs. die werden integrieren. die leute werden sie so was nicht integrieren in sechs monate ein monate. wie gesagt gibt es ja türke oder albaner oder IRANER AUCH. das meine will ich nicht so rassistisch sagen. nur die türke gibt es auch iraner hier geboren groß geworden. aber er lebt wie eine asoziale noch schlimmer als eine neue asylbewerber asylsuchender in deutschland. warum weil der staat konnte ihn nichts anbieten ... (das Paar, Ehemann, Abs. 109).

oder vielleicht gibt es solche organisationen. die haben keine ahnungen na. es wäre gut wenn diese organisationen auf ein zettel oder durch die leute bekannt wird na. bestimmt gibt es (das Paar, Ehefrau, Abs. 110).

nee ich meine das so die sagen integrieren. sie denken integrieren ist eine form. die leute lasst in diese form //B2: ja// und pressen (B1: zeigt mit den Händen) dann kommt eine deutsche raus. afghaner oder iraner oder araber kommt in diese form. pressen hoch ist eine deutsche integrierte deutsch raus. das geht nicht so. ohne angebote ohne hilfe ohne gleichheit. wir wissen alle in deutschland eine deutsche mit eine ausländer werden nicht gleich behandelt. wenn wir sagen ja hier ist es so. das ist falsch. das ist eine lüge. wir wissen alle. wie viele leute wie viel beamte gibt es in deutschland. wie viel beamte das meine mit ausländische wurzel. wie viele stück. ich hab bis jetzt nie gesehen. ehrlich vielleicht eins oder zwei ausnahmeweise. türken sind 80 90 jahre in deutschland. ich war letztes jahr in amerika und kanada über die hälfte vom personal in polizeibereich und wo ich war bei der staatliche einrichtungen wo ich zu tun gehabt habe sind alle ausländer. warum ist in deutschland so ... türken sind 70 80 jahre hier. der italiener sie sind mehr als 80 jahre hier die polen der russen wie viel beamte gibt es in deutschland mit ausländische wurzel. nix so sie denken nur mit sprache der leute werden integrieren und jetzt kommt diese geschichte in-

tegrieren. warum jetzt raus diese geschichte. das war immer aber jetzt so viel darüber reden weil sie haben angst gehabt. in frankreich diese terroristen in frankreich. sie sind alle in frankreich geborene junge leute. sind alle vater und mutter auch sie sagen eh sie sind hier geboren. sie haben überhaupt nicht zu tun mit islam. sie sind nicht fanatisch. sie kommen nicht aus den bergen. von der syrien mit so langem bart is-kämpfer oder taliban-kämpfer. sie sind unsere jungs. warum machen unsere jungs so. weil sie haben ihn immer in eine kleine ecke eine kleine cirkus eine kleine stadtteil dort drucken. er hatte nie aus seine eigene ecke rausgekommen. warum … (das Paar, Ehemann, Abs. 111).

Frau N sprach über die Alltagsprobleme der Flüchtlinge. Nach ihrer Einschätzung haben Menschen, die aus dem Iran kommen, oft lange unter Druck gestanden. Deshalb dauert es eine gewisse Zeit, um ihr Vertrauen zu gewinnen. Zu Beginn haben sie viele Angelegenheiten zu regeln, wie das Finden einer Wohnung, die Organisation der Schule für ihre Kinder usw. Sie können sich gar nicht um diese Angelegenheiten kümmern.

Wenn mehr finanzielle Mittel zur Verfügung ständen, könnte dies den Flüchtlingen helfen. In Deutschland gibt es viele ehrenamtlich helfende Personen. Diese können dabei den Flüchtlingen helfen, einerseits den Alltag zu bewältigen und andererseits die deutsche Kultur und Lebensweise kennenzulernen. Solche Menschen könnten eingesetzt werden, um die Leute zunächst zusammenzubringen. Danach könnten Gruppen zu verschiedenen Themen gebildet werden. So könnte das Personal sehen, wie die Mütter mit ihren Kindern und Männer mit ihren Frauen interagieren. Auf diese Weise könnten sie allmählich feststellen, wie diese Personen leben und Entscheidungen treffen. Den Flüchtlingen könnte so nach und nach die Kultur näher gebracht werden. Frau N erklärte, dass auch sie auf diese Weise gelernt hat.

… wenn jemand aus dem iran kommt war sehr lange unter druck. so können sie so schnell nicht zu jedem vertrauen gewinnen. sie brauchen erstmals zeit … es gibt so viele sachen wie wohnung finden schule für die kinder organisieren etc. dass man gar nicht sich um diese sachen kümmert … wenn ich das geld ausgeben könnte da für die flüchtlinge viele geld ausgegeben wird. in deutschland arbeiten viele menschen ehrenamtlich die viel ahnung über die paarbeziehung haben solche leute können genutzt werden und erstmals die leute zusammen bringen … gruppen für verschiedene themen bilden und dann die leute beobachten. mutter mit dem kind mann mit der frau … langsam langsam sehen sie wie diese personen leben und entscheidung treffen. so übernehmen diese auch langsam langsam diese kultur … auch ich habe so gemacht … (Frau N, Abs. 58ff.).

Frau H erzählte, dass die Frauen gerne in Einrichtungen wie Kargah gehen, wo sie Unterstützung erhalten können. Frauen schätzen Gruppenaktivitäten und Angebote wie Musik und gemeinsame Mahlzeiten. Iranische Männer hingegen neigen dazu, keine Hilfe anzunehmen. Frau H betonte, dass 90 Prozent der iranischen Männer hauptsächlich ihren eigenen Interessen folgen. Ihnen sind die eigenen Wünsche besonders wichtig.

... dass die paare insbesondere die frauen gerne da gehen, wo sie hilfe finden wie in kargah. sie mögen musik gruppenaktionen beratung gruppenarbeit in der situationen wie gemeinsames Essen usw. ... die iranischen männer denken sie wissen am besten und werden keine hilfe akzeptieren sie. 90 Prozent wollen nur die eigenen interessen durchsetzen. nur die eigenen wünsche sind ihnen wichtig... (Fr. H, Abs. 97ff.).

Frau M sagte, dass iranische Frauen, die nach Deutschland kommen, keine Erfahrung haben. Sie fühlen sich aufgrund der gesellschaftlichen Lage im Iran wertlos. Sie gehen in Deutschland fremd. Die Paarbeziehung und die Kinder leiden darunter. Aus ihrer Sicht wäre es gut, wenn die Ankommlinge in der Anfangsphase einen Kurs bezüglich der Paarbeziehung von den Iranern in Deutschland bekämen. Sie sind hilfsbereit und haben die Bildung. Sie sollten mit Neuankömmlingen über das Leben in Deutschland und andere Themen sprechen. Aufklärungsarbeit soll geleistet werden. Aus ihrer Sicht sind Frauen im Iran in der Regel finanziell vom Mann abhängig.

In Deutschland erhalten Frauen finanzielle Unterstützung vom Staat. Das stärkt ihr Selbstwertgefühl. Das kann sich negativ auf ihre Paarbeziehung auswirken.

Die Männer bemerken auch Veränderungen hier. Im Iran waren die Männer stark und bestimmten alles in der Beziehung. In Deutschland wollen die Männer genauso wie im Iran fortfahren und dies macht die Beziehung kaputt. Das bereitet den Kindern auch Probleme. Sie leiden unter der problematischen Elternbeziehung.

Wenn die Menschen hierher kommen, sind sie in vieler Hinsicht ahnungslos und fühlen sich allein. Sie kennen nichts. Laut Frau M sollten Migranten aus dem gleichen Kulturkreis und mit derselben Sprache, die bereits seit längerer Zeit in Deutschland leben, die Neuankömmlinge umfassend über alles im neuen Land aufklären.

Sie erklärte weiterhin, dass soziale Kontakte zu einer besseren Paarbeziehung führen. Die Paare mögen sich, aber sie sind hier allein. Wenn ihnen im Aufnahmeland etwas zustößt, haben sie niemanden. Niemand begleitet sie und niemand sagt ihnen, dass alle am Anfang Schwierigkeiten haben. Niemand erklärt ihnen, dass sich alles mit der Zeit verbessert. Genauso war es auch bei den Menschen, die schon länger hier sind.

Zu Kargah e.V. kommen die Paare aus dem Iran. Dort erhalten sie Hilfe in ihrer Muttersprache. Dadurch lernen die Neuankömmlinge, was ihnen hilft. Sie werden so nicht depressiv, sagte Frau M.

Ihrer Meinung nach sollten erfahrene Migranten als Referenten den Neuankömmlingen viel über das Aufnahmeland erzählen. Sie schlägt vor, dass diese in den Unterkünften erscheinen und den Neuankömmlingen bei der Übersetzung und Postbearbeitung helfen.

Sie sollten die Neuankömmlinge zu Behörden, Ärzten usw. begleiten und ihnen Beratung anbieten. Sie betonte auch, dass insbesondere Singels Hilfe benötigen, da sie ganz allein hier sind.

Fachleute aus verschiedenen Ländern sollten in Unterkünfte oder Orte wie Kargah e.V. gehen, um Hilfe anzubieten. Die Flüchtlinge benötigen Unterstützung, da sie alleine sind und durch Isolation psychisch leiden. Verschiedene Migrantengruppen benötigen Unterstützung, sagte Frau M.

Frauen kommen nach deutschland. haben keine ahnung. fühlen sich wertlos durch die iranische lage und gehen fremd. nehmen freund. kinder leiden. paarbeziehung leidet darunter. erfahrung fehlt ... ich denke wenn die paare nach deutschland kommen wäre ganz gut wenn es für sie kurse gibt die von iraner durchgeführt wird ... leute wie sie hilfsbereit und gebildet ... so soll ihnen gesagt werden die freiheit und unterstützung von frauen heißt nicht nur das ... unwissenheit fremd sein in dem neuen land ... führt zur irritationen bei den menschen ... so kommt zu paarprobleme ... ihnen fehlt die aufklärung ... die erfahrene sollten die neukommlingen helfen aufklären. die leute sollen sich nicht nur um die nagel oder haare kümmern. auch um die sprache und selbständiges handeln ... die leute schöpfen nicht alles aus ... frauen ändern ihr verhalten weil sie hier geld bekommen und fühlen sich wer ... im iran sind die meisten frauen abhängig und der mann ist chef ... frauen machen deshalb ihr leben paarbeziehung kaputt. machen probleme für ihre Kinder ... männer sind genauso beteiligt bei dem kaputt machen der beziehung ... sie waren im iran stark. haben alles bestimmt ... und hier wollen sie weiter so sein ... bei ankunft in dem aufnahmeland sollen die personen mit migrationshintergrund und gleiche kulturkreis und sprache die neulinge dabei helfen sie über alles in dem neuen land aufzuklären ... in kargah kommen die paare aus dem iran. haben muttersprachliche hilfe. begegnungen führt das zu bessere paarbeziehung ... sie mö-

gen sich. jedoch sind sie allein. wenn ihnen was passiert haben sie niemanden ... sie begleiten. die zukunft zeigen. sagen dass wir auch solche momente gehabt haben. solche situationen mit uns war auch so und so ist geworden. sie lernen dass alle am anfang schwierigkeiten haben und alles wird mit der zeit besser. wie bei denen die länger hier sind und gutes leben haben ... so lernen sie und werden keine depression zum Beispiel bekommen ... in der beziehung erfolgreiche personen als referenten für die neulingen einladen die vieles in dem aufnahmeland nicht kennen um ihnen vieles zu erzählen. personen die hilfe geben können ein paar familien die neu sind betreuen helfen ... zu heimen gehen und für die neulingen übersetzungsarbeit postbearbeiten usw. machen begleitung bei behördengänge ärzte etc. insbesondere die singles die ganz allein sind die brauchen die unterstützung. fachleute aus diverse länder sich zusammen tun in den heimunterkünften gehen oder in stellen wie kargah wo viele asylanten hinkommen ... es kommen viele asylanten oder gar die personen die gar nicht asyl sind. aber sie brauchen die hilfe da sie allein sind ... durch die isolation werden sie psychisch krank. stellen organisieren dass sie sich treffen und hilfe bekommen ... auch die anerkennung haben und pass bekommen haben und in der eigene wohnung leben. Sie brauchen alle diese hilfen ... verschiedene personengruppen fachleute sollen zusammen arbeiten ...(Frau M, Abs. 12ff. + Abs. 27ff.).

Frau T sagte im Zusammenhang mit Hilfsmaßnahmen, dass in den Kulturzentren für Migranten Selbsthilfegruppen organisiert werden können. Die Migranten können sich dort treffen, gemeinsam Zeit verbringen, zusammen kochen und miteinander sprechen. Sie erklärte, dass sie selbst keine staatlichen Hilfsmaßnahmen kennt.

... wie soll ich sagen selbsthilfegruppen. es gibt auch viele verschiedene kulturzentern. dort können viele migrantinnen und mit einander zusammen treffen und sitzen und kochen und reden. viele möglichkeiten gibt es. aber die kenne ich alle nicht gibt es staatliche hilfe ... (Frau T, Teil 2, Abs. 236).

Frau L erzählte im Zusammenhang mit der Unterstützung für Flüchtlingspaare, dass Kargah e.V. eine große Hilfe für geflüchtete Paare darstellt. Dort können sie Beratung für Frauen, Begleitung, Dolmetscher und Unterstützung bei der Postbearbeitung bekommen. Sie erklärte, dass es hilfsreich sei, wenn ein neutraler Berater gemeinsame Gespräche mit dem Paar führen und sicher stellen würde, dass das Paar miteinander spricht.

... hilfe wie Kargah ist sehr große hilfe für die geflüchteten paare hier ... sie haben nach hilfebedarf die möglichkeit zu helfen ... beratung für frauen dolmetscher postbearbeitung z.B. ist die frau beraterin mit mir zum gericht gekommen. da ich angst hatte alleine hinzugehen solche orte sind sehr gut. aber ich denke sie sind sehr wenig. es muss mehr davon geben damit allen geholfen wird ... hilfe wie ein neutraler Berater der mit uns säße und dafür sorgen könnte dass wir sprechen ... (Frau L, Teil 2, Abs.24, 56 + 58).

Frau Y sagte, dass sie vier oder fünf Bücher hatte, die sie über viele Jahre hinweg Männern, Frauen und Mädchen aus dem Iran zum Lesen gegeben hat. Sie hat mit den Männern Gespräche und Diskussionen über den Umgang mit Mädchen in Deutschland geführt. Mit den Mädchen und Frauen hat sie Gespräche über die Gesetze in Deutschland geführt.

Sie sagte weiter, dass in Deutschland Migranten als Sozialarbeiter und Therapeuten ausgebildet werden sollten, die sie ihre eigene Kultur und Sprache gut beherrschen. Diese sollten vom Staat angestellt werden. Wenn die Neuankömmlinge hier sind, sollten die Flüchtlinge zu ihnen gehen, ähnlich wie bei einem Integrationskurs. Wer nicht daran teilnimmt, sollte dann sanktioniert werden.
So könnten die Neuankömmlinge viel lernen. Es gibt viele positive Einflüsse auf diese dadurch. Es sollte mit ihnen in ihrer Muttersprache gesprochen werden. Die Männer sollten lernen, nicht zu befürchten, dass die Frauen hier rebellisch und eigensinnig werden. Die Frauen sollten zuhause nicht festgehalten werden und die Männer sollten die Frauen rausgehen lassen.

... ich hatte viele jahre vier fünf bücher die habe ich zum lesen den anderen überlassen. mit männer habe ich über die umgangsformen hier mit mädchen frauen gesetze gesprochen. besonders gab ich diese bücher den männern. das hat starker einfluss auf sie gehabt ... ich denke in deutschland sollte man leute aus verschiedenen ländern die eigene kultur und sprache gut beherrschen gute ausbildung sozialarbeiter therapeuten geben und sie anstellen so dass wenn neue menschen hier kommen diese zu ihnen schicken wie die integrationskurse mit sanktionen wenn jemand nicht hingeht soll sanktioniert werden. dadurch lernen sie viele sachen. das kann viele positive einflüsse haben. auf eigene muttersprache mit ihnen reden (lacht) nicht dass männer angst bekommen unsere frauen hier wild eigensinnig werden. mehr mit männer muss gesprochen werden damit sie den frauen nicht zuhause festhalten. sie rauskommen lassen ... (Frau Y, Abs. 106).

Frau A sagte, dass sie sich beispielsweise sehr gewünscht hätte, dass es jemanden in ihrem Leben gibt, dem sie vertrauen kann. Am liebsten sollte es ein weiser Mann sein. Sie wünschte sich, dass dieser Mensch gekommen wäre und sie im Leben unterstützt hätte. Er hätte mit ihr und auch mit ihrem Ehemann X gesprochen und ihnen Ratschläge gegeben, was besser wäre und wie sie handeln sollten. Für sie war es wichtig, dass solche Erfahrungen und Unterstützung von einem Mann kommen, der bereits lange in Deutschland lebt. Sie glaubte, dass ein Mann einen besseren Einfluss auf sie und auch auf ihren Ehemann X hätte, und dass sie eher auf Ratschläge von einem Mann hören würden. Jetzt, in der Gegenwart, hat sie keine klare Vorstellung davon, was sie in der Vergangenheit hätte besser machen können oder welche Art von Unterstützung ihr am Anfang geholfen hätte.

... ich habe mir zum beispiel sehr gewünscht ein mensch für mich. allerdings auf jeden fall ein mann. ein weiser mann zu dem ich vertrauen hätte dass er kommt und mich im leben unterstützt. zum beispiel mit mir gesprochen hätte mit x (Namen vom Ehemann) gesprochen hätte. zum beispiel uns gesagt hätte das ist besser. so musst ihr handeln. welche leute die hier länger gelebt haben und erfahrung hätten. für mich ein mann besser einfluss auf mich hat und auch x (Namen vom Ehemann) nimmt von einem mann besser was an als von einer frau ... (Frau A, Abs. 152) ... jetzt habe ich keine idee im kopf (...) was man machen könnte oder was hätte mir damals am anfang helfen können ... (Frau A, Abs. 158).

Frau G betonte, dass Ehepaare, die nach Deutschland kommen, mehr Unterstützung benötigen. Statt in einem Wohnheim untergebracht zu sein, sollten die Paare eine eigene Wohnung haben. Sie erklärte, dass das Leben im Wohnheim sich negativ auf die Paarbeziehung auswirken kann, da es oft zu Konflikten und Problemen kommt. Sie sprach auch davon, dass dies die Beziehung kaputt macht.

Ein weiterer Punkt ist es, dass die ahnungslosen Neuankömmlinge oft ausgenutzt werden, wenn sie nach einer Wohnung suchen.

Als Beispiel erwähnte sie in Bezug auf die Wohnungssuche, dass es Menschen gibt, die behaupten, dass sie für 2000,- Euro oder 3000,- Euro eine Wohnung finden. Sie erhalten das Geld, verschwinden dann jedoch oft ohne eine Wohnung zu vermitteln. Dies sei ein Problem, da die Ausländerbehörde sagt, dass die Familien selbst eine Wohnung finden sollen. Allerdings stellt sich die Frage, wie eine Familie ohne Deutschkenntnisse Kontakte mit den Vermietern aufnehmen können. Auch fehlen ihnen Kenntnise über Sachen wie Mietkaution. Wie sollen sie so eine Wohnung finden? Viele Menschen wenden sich dann an Personen, die ihre Muttersprache sprechen, beispielsweise Persisch oder Arabisch und fragen nach Unterstützung. Selbst für 2000,- Euro oder 3000,- Euro ist es in Berlin oft schwierig, eine Wohnung zu finden, da die Mietpreise hoch sind. Die Flüchtlinge beherrschen die Sprache nicht und haben generell von den deutschen Gegebenheiten keine Ahnung.

Frau G bemerkte auch, dass Migranten aufgrund ihrer mangelnden Deutschkenntnisse nur selten an Elternabenden in der Schule teilnehmen. Sie schlug vor, dass Personen oder Organisationen diese Gruppe in ihrer Muttersprache informieren.

Inwiefern beeinflussen die Flucht und ihre Folgen die Paarbeziehungen von Flüchtlingspaaren?

… ich glaube dass die ehepaare brauchen mehr unterstützung wenn sie nach deutschland kommen. die sollen private (…) wohnung kriegen. es ist besser als wenn sie ein oder zwei drei jahre in einer unterkunft leben wo alle gemeinsam leben und viele konflikte gibt es. ich finde das macht die beziehung kaputt … außerdem sieht man dass zum beispiel hier wegen der wohnung die leute die sagen 2000 für 2000 euro drei tausend euro finde ich für dich eine wohnung. ja die kriegen dieses geld und dann machen entweder oder machen nicht. also verschwinden sie. aber das ist auch eine sache also ausländerbehörde sagt finden sie für sich eine wohnung. wie soll ohne sprache wie soll die familie eine wohnung für sich selbst suchen wenn die überhaupt gar keine ahnung haben was mietekaution ist oder sie können kein deutsch. bei wem soll ich mich melden. dann gehen die leute zur persischsprachige oder arabischsprachige und fragen manchmal (…) sogar für 2000 euro oder 3000 euro in berlin 4000,- euro findet man dann eine wohnung … andererseits manchmal in der schule kommen sehr sehr sehr selten die ausländer sind zum elternabend … sie beherrschen die Sprache nicht. mindesten soll eine person oder eine organisation diese personen informiern. sonst das kind verliert. was soll gemacht werden … für die araber die arabisch sprechen oder für die perser persisch. dann kann einfach erklären was soll gemacht werden. kommen sie einfach und zeigen sie sich. egal wenn sie nicht sprechen können also holen irgendwo eine person das sie ein bisschen (…) zeigen. es ist nicht gut dass sie einfach diese information verpassen …
(Frau G, Abs. 492 + 500ff.).

6. Zusammenfassung der Ergebnissen

Die Fragestellung in dieser Arbeit lautet „Inwiefern beeinflussen die Flucht und ihre Folgen die Paarbeziehungen von Flüchtlingspaaren?" Das Vorhaben zielte darauf ab, herauszufinden, ob sich aus der Perspektive der befragten Betroffenen deren Beziehung nach der Flucht Veränderungen erfahren hat. Welche Faktoren haben Einfluss gehabt. Weiterhin sollte herausgefiltert werden, welche Hilfen sie im Aufnahmeland erfahren haben und was sie als hilfreich betrachten. Gleichzeitig sollten Ideen zur optimalen Unterstützung gesammelt werden. Das Ziel war auch, durch die gesammelten Informationen Soziale Arbeit auf die Paare aufmerksam zu machen. Die Soziale Arbeit soll sich so mit den Flüchtlingspaaren befassen und Angebote für sie in Deutschland bereit stellen. So werden nicht nur die Flüchtlingspaare im Aufnahmeland „Deutschland" mit dem Alltag und in ihrem Leben zurecht kommen, sondern auch deren Kinder ein besseres Zuhause haben. Dadurch können auch viele Gelder gespart werden, die für die Trennungs- und Scheidungskosten sowie Therapien ausgegeben werden.

Die Zusammenfassung der Aussagen ist zwar oben grundsätzlich zu lesen. Jedoch ist ein Überblick an dieser Stelle wie folgt angebracht.

a) Die Gründe für die Flucht sind nicht immer lebensbedrohliche Lagen der Befragten im Herkunftsland. Nicht alle Flüchtlinge kommen aufgrund politischer Aktivitäten nach Deutschland. Sie sind nicht immer in Lebensgefahr, wie es im Asylrecht festgelegt ist.

Gründe können ebenso ein besseres Leben, eine bessere Zukunft, mehr Freiheit und Komfort für sich selbst oder ihre Kinder sowie ein Leben im Ausland sein. Um in Deutschland als Asylberechtigter anerkannt zu werden, mussten manche von ihnen lügen. Personen, die gelogen haben, erfanden eine Geschichte im Asylverfahrenprozess, um hier leben zu dürfen. Dies bedeutet nicht, dass sie selbst über ihr Handeln glücklich sind. Aber sie sehen sich gezwungen, zu lügen. So konnten sie in Deutschland bleiben und eine Ablehnung bzw. eine Abschiebung in dieser Phase verhindern. Das ist sogar eine Belastung für die Paarbeziehung und führt auch zu inneren Konflikten wie im Fall von Frau "A" festgestllt wurde.

b) Die Frage „warum Deutschland als zweite Heimat ausgewählt wurde" machte deutlich, dass unterschiedliche Gründe für die Migration nach Deutschland zugrunde liegen. Viele Menschen kommen nicht bzw. entscheiden sich nicht gezielt für Deutschland.

Manchmal organisieren die Schlepperbanden die Einreise nach Deutschland, ohne dass die betreffende Person selbst eine Entscheidung trifft. Teilweise ist das Vorhandensein von Verwandtschaften wie Geschwister oder Kinder sowie Freunde und Bekannte der Grund für die Einreise nach Deutschland.

Es kam auch vor, dass die Lebensbedingungen in einem anderen Aufnahmeland für die betreffende Person sehr erschwert wurden und sie waren gezwungen, ein neues Aufnahmeland auszuwählen, wie der Fall von Frau T gezeigt hat.

Einige Personen kamen nach Deutschland, weil das Asylverfahren in Deutschland aus deren Sicht einfacher ist als in den anderen Ländern, wie der Fall von Frau L. Gelegentlich sind Menschen zufällig in Deutschland, obwohl sie zuvor andere Länder als Ziel im Auge gefasst hatten, wie zum Beispiel der Fall von Frau A.

c) Bezüglich der Erfahrungen in Deutschland konnte festgestellt werden, dass die Befragten in der Anfangsphase teilweise unterschiedliche Erfahrungen nach der Ankunft in Deutschland gemacht haben.

Während einige von ihnen das Aufnahmeland kannten und Unterstützung von ihren Verwandten wie den Kindern, den Schwestern oder den Freunden erhielten, waren andere von Anfang an auf sich allein gestellt.

Einige, wie das Paar „S", genossen die neuen Freiheiten, während andere wie die Befragten „Frau N", „Frau L" und „Frau Y" mit psychischen Problemen zu kämpfen hatten. Auch die Partnerschaften litten in manchen Fällen unter den gegebenen Umständen.

Was jedoch alle als negative Erfahrung feststellten, waren die schlechten Bedingungen in den Unterkünften. Angefangen bei mangelnder Hygiene, begrenztem Raum und fehlender Privatsphäre, fehlenden Sprachkenntnissen, Unwissenheit über die vorhandenen Hilfsmöglichkeiten, begrenztem finanziellen Spielraum und mangelnder Selbstbestimmung, mangelndem Respekt sowie Unsicherheiten für

Frauen und Mädchen oder Konflikten und Streitigkeiten zwischen verschiedenen Gruppen aufgrund ihrer Religion, Kultur, Bildung und Lebensstil.

Diskriminierung und Rassismus gehörten teilweise auch zu den gemachten Erfahrungen einiger Flüchtlinge im Aufnahmeland.

Generell sind die Lebensbedingungen und die Integrationsmöglichkeiten für alle Neuankömmlinge im Aufnahmeland nicht optimal und nicht immer gleich. Diejenigen, die Bekannte, Freunde, Verwandte oder Familienmitglieder im Aufnahmeland haben, können sich oft schneller in dem neuen Land integrieren.

Positive Erfahrung machen Frauen, die in ihrer Heimat unter erheblichen Einschränkungen gelebt haben. In Deutschland machte zum Beispiel Frau „A" in der Anfangsphase die Erfahrung, dass sie als eigenständige Person bewertet wird; dass ihre Aussage und ihre Meinung bei den Behörden Gewicht hat; dass sie finanziell unabhängig ist; dass sie ohne Angst ihre Meinung äußern kann.

Dies steigert das Selbstwertgefühl der Frauen und ermöglicht es ihnen, neue Kenntnisse über sich selbst zu gewinnen. Sie entdecken sich selbst neu und gestalten dadurch ihren Alltag nach ihren eigenen Vorstellungen. Deshalb ändert sich auch die Beziehung zu ihren Partnern. In einigen Paarbeziehungen kann dies zu Veränderungen führen, die in der Anfangsphase zu mehr Konflikten, Krisen, Beziehungsproblemen und häuslicher Gewalt führen.

Es konnte auch festgestellt werden, dass die Frauen und Männer in der Anfangsphase unterschiedlich auf das Aufnahmeland reagieren. Für die Männer aus diesem Kulturkreis ist es meistens ein Schock, wenn sie sich in dieser Anfangsphase mit den veränderten Machtverhältnissen in der Paarbeziehung konfrontiert sehen. Die Frauen passen sich schneller an die veränderte Lage an und machen positive Erfahrungen, während für die Männer der Machtverlust öfters schmerzhaft ist und zu den Konflikten in der Paarbeziehung führt.

Weiter konnte es festgestellt werden, dass Frauen mehr Aufgaben und Verantwortung übernehmen. Mit eigener Erwerbstätigkeit, die ihnen finanzielle Unabhängigkeit ermöglicht, entwickeln sie mehr Selbstwertgefühl. Das konnte in den Fällen von Frau N und Frau A zum Beispiel gezeigt werden.

d) Ein Ergebnis bezieht sich auf die Paarbeziehung im Aufnahmeland. Die Paarbeziehung ist ein wichtiges Thema bei der Flucht und die Zeit im Aufnahmeland. Sie sollte daher aus verschiedenen Perspektiven beleuchtet werden.

Wenn die Beziehung der Befragten reflektiert wird, stellt sich heraus, dass eine Paarbeziehung im Iran neben der Sexualität und Familienbildung auch als eine Sicherheitsmaßnahme für das Alter betrachtet wird.

Weiter fällt es auf, da die Freiheiten der Mädchen und Frauen in ihrem Herkunftsland eingeschränkt sind. Teilweise betrachten Mädchen dort die Heirat als einen Ausweg, um aus dem problematischen Elternhaus herauszukommen. Deshalb willigen sie in eine Heirat mit einem Fremden ein.

Die Befragten wie Frau „Y" und Frau „M" erläutern, dass es im Iran zwischen der traditionellen und der modernen Schicht Unterschiede bezüglich des Zusammenkommens der Paare gibt. Während moderne Personen ihren Partner vor der Hochzeit an der Universität, bei den Veranstaltungen, im Freundeskreis oder bei der Arbeit etc. kennen lernen und vor der Heirat Zeit miteinander verbringen, kommen junge Menschen aus den traditionellen Kreisen durch arrangierte Hochzeiten zusammen. In den früheren Perioden kamen die arrangierten Hochzeiten öfters vor.

Die Befragten berichteten von den eingeschränkten Rechten der Frauen insbesondere seit der Revolution im Jahr 1979 im Iran und berichteten auch von den neuen Entwicklungen bei der Partnerwahl heute. Im heutigen Iran wählen viele junge Menschen ihren Partner selbst aus, wie Frau „G" und Frau „L" erzählt haben. Viele junge Frauen heiraten heutzutage erst gar nicht, weil sie keinen Bedarf hierfür sehen.

Trotz arrangierter Hochzeit lernen sich einige Paare zu lieben, wie das „Paar S" erzählt hat. Manche wie Frau „L" bemerken dagegen nach kurzer Zeit, dass die Beziehung keine Zunkunft haben würde.

Für einige Befragten spielen in der Paarbeziehung Traditionen und Brauchtum eine sehr wichtige Rolle. Einige sehen die Paarbeziehung als eine Konkurrenzbeziehung an.

Manche Paare wie Frau „Y" sind gegen traditionelle Rollenverteilung in der Beziehung und versuchten von Anfang an, ihre Beziehung anders zu gestalten. Diese Paare wenden sich von traditionellen Beziehungsformen / traditionelle Rollenverteilung ab.

Die Interviewpartnerin Frau „N" sagte, dass die Paare ihre Beziehung zwar nach außen hin als funktionierend darstellen, in Wirklichkeit gehen jedoch Männer und Frauen ihre eigenen Wege und verfolgen ihre eigenen Interessen.

Weiterhin wurde durch die Befragungen ersichtlich, dass für einige Personen im Iran ihre Beziehung mit häuslicher Gewalt, Aggression, Machtlosigkeit, finanzieller Abhängigkeit und problematischer Kommunikation verbunden war. Allerdings verhinderten das Vorhandensein von Familien und die finanziellen Abhängigkeiten der Frauen eine Trennung im Iran. Wie Frau „H" erzählt hat, führt es im Iran im Falle von Beziehungsproblemen eher zur Scheidung, wenn die Frauen finanziell abgesichert sind.

In Deutschland sind die Flüchtlingspaare häufig auf sich allein gestellt und aufgrund veränderter Lebensumstände kommt es oft zu häufigen Streitereien und Trennungen, wie aus den Erklärungen hervorgeht.

Die Befragten machten mit ihren Aussagen deutlich, dass die finanzielle Unabhängigkeit und die rechtliche Lage der Frauen auch zur Ursache der Probleme in der Beziehung zählen können. Dadurch kommt es häfiger zu Trennungen und Scheidungen der Paare in Deutschland.

Dadurch dass die Frauen in Deutschland von ihren Partnern aufgrund der Sozialleistungen finanziell nicht abhängig sind, wagen sie häufiger, sich von ihren Partnern in Deutschland zu trennen. Sie wissen, dass das Gesetz sie im Falle einer Trennung unterstützen wird.

Auch fehlende soziale Ressourcen können die Paarbeziehungen in einem Aufnahmeland wie Deutschland beeinflussen. Frau „T" meinte zum Beispiel, dass ihre Beziehung nicht zerbrechen würde, wenn das Paar weiterhin im Iran leben würde. Dort gab es die Herkunftsfamilien, Verwandten und Freunde. Dadurch würde das Paar dort trotz Paarproblemen aufgrund deren Unterstützungen oder Druck zusammen bleiben.

Weitere Personen, wie Frau „M", haben die Isolation und die damit verbundenen Probleme, Krisen und Krankheiten nach der Flucht im Aufnahmeland thematisiert.

Während Frau „L" und Frau „H" bereits im Iran, vor der Flucht, Eheprobleme hatten, bekamen Frau „A" und Frau „T" sowie die anderen Befragten aufgrund ihrer Lebensumstände in Deutschland Beziehungsprobleme.

Frau „T" erzählte, dass das Paar in seiner Beziehung über die vorhandenen Probleme nicht sprach und deshalb konnte es diese nicht lösen. Es gab keinen Austausch bezüglich der Probleme miteinander. Sie haben sich in Deutschland schließlich scheiden lassen.

Sie hat in Erwägung gezogen, dass aus ihrer Sicht der Habitus ein wichtiger Faktor bei der Gestaltung der Beziehung und der Art des Zusammenlebens ist.

Was noch durch die Befragungen deutlich wurde, ist, dass die Anpassungsfähigkeit ebenso wichtig ist.

Beispielsweise hatten zwar die Befragten wie das Paar „S", Frau „G", Frau „Y" und Frau „M" nach ihrer Flucht im Aufnahmeland Eheprobleme, aber sie konnten sich an die neue Situation anpassen und neue Wege gehen.

Frau „S" sprach davon, dass ihre Beziehung Veränderungen durch das Leben in Deutschland erfahren hat. Obwohl ihnen das Leben in Deutschland in den ersten Jahren viel Spaß gemacht hat, haben sie irgendwann Probleme in der Beziehung gehabt. Sie haben sich nicht getrennt. Sie haben über ihre Lage miteinander gesprochen und suchten nach Gründen und Lösungen. Sie suchten nach Kompromissen. Ein Ergebnis war, dass sie getrennte Wohnungen genommen haben, um die Bedürfnisse des anderen zu berücksichtigen. Frau S hat an ihrem Verhalten gearbeitet. Heute kann sie sich beispielsweise für einen Fehler entschuldigen, was sie früher nicht getan hat. Ihr Mann habe auch von den Deutschen im Bezug auf Kindererziehung viel gelernt. Er ging mit dem zweiten Kind anders um, als mit dem ersten Kind, welches im Iran geboren war. Er nahm sich Zeit für das zweite Kind und hat sich um dieses gekümmert. Ihnen konnte die Paarbeziehung gelingen, weil sie sich ihrer Lage angepasst haben, so sagte sie.

Frau „M" sagte, dass ihr Mann und sie sich in Deutschland besser kennengelernt haben und sich bemüht haben, die deutsche Kultur zu übernehmen. Obwohl ihr

Mann im Iran manchmal sehr streng und traditionell war, hat er sich in Deutschland schnell angepasst.

Frau „G" erzählte, dass sie in der Beziehung keine Sexualität haben. Aber sie bleiben zusammen und empfinden die Beziehung aufgrund optimaler Kommunikation nicht als belastend.

Allgemein ist es erkennbar, dass diese Personen in ihrer Partnerschaft miteinander über Probleme kommunizieren und versuchen, Lösungen für die konflikthafte Lage zu finden. Sie empfinden, dass Ihre Beziehung dadurch in Deutschland besser geworden ist und bezeichnen das als positive Entwicklung.

Es gibt Paare, wie das Paar „S", die neuen Wege gehen, um die Qualität ihrer Beziehung zu verbessern.

Es lässt sich schlussfolgern, dass die Paarbeziehungen unter Einfluss der Flucht und ihrer Folgen stehen. Die Flucht und das Leben in einem neuen sozialen Umfeld können somit als Verstärker, aber nicht unbedingt als Ursache für die Beziehungsprobleme betrachtet werden.

Eine weitere Schlussfolgerung ist auch, dass Empathie, Verständnis für die Bedürfnisse des Anderen, die Offenheit für eine optimale Kommunikationsform so wie kreative Lösungs- und Kompromisssuche die Qualität der Beziehung trotz auftretender Probleme im Aufnahmeland verbessern.

e) Ein weiteres Ergebnis betrifft die unterschiedlichen Erfahrungen der Geflüchteten sowie die erlebte Hilfestellungen im Aufnahmeland Deutschland.

Die Flüchtlingsgruppe besteht aus Menschen mit unterschiedlicher Herkunft, Geschlecht, kulturellem Hintergrund, Bildungsniveau, Habitus (wie Pierre Bourdieu Habitus definiert, siehe oben), Lebenslage und Lebenserfahrung vor der Flucht. Sie haben ungleiche Gesundheitslagen und haben eine Flucht aus unterschiedlichen Gründen hinter sich. Somit sind sie keine homogene Gruppe. Aus diesem Grund begegnen sie den Menschen und Organisationen im Aufnahmeland ganz unterschiedlich.
Außerdem sind die Rahmenbedingungen und die rechtlichen Bedingungen für verschiedene Flüchtlingsgruppen in Deutschland ungleich, wie oben kurz dargestellt worden ist.

Das Ergebnis ist folglich, dass sie von den Organisationen, Institutionen und Menschen hier grundverschieden behandelt werden. Das führt somit gleichzeitig zu unterschiedlichen Erfahrungen und Erlebnissen der Betreffenden im Aufnahmeland. Dadurch schaffen sie entweder abhängig von ihrem Habitus, die gemachten Erfahrungen und ihre Möglichkeiten in dem neuen Sozialraum anzudocken oder sie scheitern.

Festgestellt wurde dieses Ergebnis durch die Aussagen der Befragten bzgl. ihrer Lebenslaufentwicklung seit ihrer Ankunft in Deutschland. Wer sich besser im Aufnahmeland anpassen bzw. andocken konnte, konnte sowohl in der Gesellschaft als auch in der Paarbeziehung trotz Veränderungen positive Bilanz ziehen.

Allerdings ist es erkennbar, dass die Flüchtlinge trotz aller Unterschiede gleichzeitig ähnliche Erfahrungen und Erlebnisse im Aufnahmeland machen. Bezüglich der befragten Personen konnte zusammenfassend gesagt werden, dass sie alle von schlechten Bedingungen in den Asylunterkünften erzählt haben, und dass sie die erfahrenen Hilfen in Deutschland in der Anfangsphase nach ihrer Ankunft als sehr rar bewertet haben.

In Bezug auf die Lage der Wohnheime erläuterten die Befragten, dass die Lage in den Wohnunterkünften unerträglich sei. Sie nannten Phänomene wie unsichere Rahmenbedingungen für die Mädchen und Frauen, Langeweile, Gewalt, Aggression und unhygienische Räume in den Unterkünften.
Insbesondere leiden Mädchen und Frauen unter den genannten Bedingungen in den Wohnheimen.

Weil aus der Sicht der Befragten ein wichtiger Grund für die Streitereien, Gewalt und Aggression in den Unterkünften mit der Herkunft, Religion, Kultur und ähnlichem zusammenhängt, meinte das Paar „S", dass die Flüchtlinge je nach Nationen getrennt untergebracht werden sollten. Aus ihrer Sicht entstehen durch die Ungleichheiten der jeweiligen Flüchtlingsgruppen ständig Konfliktsituationen.
Weiter machte Herr „S" deutlich, dass das Integrationsprogramm nicht auf Deutschkurse reduziert werden darf.

Frau „Y" sagte sogar, dass Pflichtkurse für das Leben in Deutschland, wie der Integrationskurs in der Anfangsphase, notwendig sind.

Ruft der Leser die zitierten Textstellen über die Lage der Unterkünfte von verschiedenen Wissenschaftlern (siehe oben) in Erinnerung, merkt er eindeutig, dass das Leben in den Unterkünften in allen Jahrgängen problematisch war. Wie die Autorin haben die zitierten Autoren diesen Punkt in ihrer Forschung festgestellt, obwohl die Forschungsprojekte in verschiedenen Zeitperioden durchgeführt worden sind.

Es wurde auch von fehlendem Respekt und vorhandener Diskriminierung sowie stark problematische Einschränkungen im Zusammenhang mit Mahlzeiten gesprochen. Diese haben sich über die Jahrzehnte kaum verändert.

Es mangelt weiterhin an muttersprachlichem Fachpersonal in den Unterkünften und in den Behörden. Die Sprachbarriere ist immer noch ein großes Problem. Dadurch können die Neuankömmlinge sich nicht über ihre Lage, Gefühle, Bedürfnisse und Wünsche äußern. Aber auch fehlen ihnen die notwendigen Informationen, was sie für das Leben in Deutschland benötigen. Somit gehören fehlende Sprachkenntnisse, Unwissenheit über das Hilfesystem, mangelnde Dolmetscher und muttersprachliche Fachkräfte zu den weiteren Problemen.

Die Befragten sprachen im Zusammenhang mit erfahrenen Hilfen in Deutschland von Frauengruppen wie in Kargah e.V. in Hannover. Diese Gruppen werden von den Frauen (Besucherinnen und Mitgliedern) selbst zu diversen Zwecken wie Wandern, Basteln, Kochen etc. organisiert und umgesetzt. In diesem Verein existiert von den Migranten organisierte Beratung für die von häuslicher Gewalt betroffenen Frauen.

Die Unterstützungen solcher Vereine wurden von den Interviewpartnern als wertvoll eingeschätzt. Wie Frau „M" sagte (siehe oben), sind viele Ankömmlinge hier ohne Verwandte und Bekannte. Sie sind sehr isoliert und haben Ängste. Die Isolation belastet sie und bei vielen Paaren kommt es dadurch häufig zum Streit und zu Konfliktsituationen, was öfters zur Trennung und Scheidung im Aufnahmeland führt. Wenn sie für ihre Paarbeziehungen Hilfestellungen brauchen, müssen sie selbst diese finanzieren. In zwei Fällen wurden beim Vorhandensein der Eheprobleme psychologische Beratungen für kurze Zeit in Anspruch genommen. Die Kosten waren für die Betroffenen hoch und sie konnten die Hilfe nur für eine gewisse Zeit in Anspruch nehmen. Dauerhaft war die Hilfe für sie nicht finanzierbar. Sozialpädagogische Hilfsangebote waren nicht vorhanden. Eine Befragte hatte privat Kontakt zu einer Studentin der Sozialen Arbeit.

Ideen der Befragten waren insgesamt, Kurse, Veranstaltungen, Seminare, Gruppenarbeit, muttersprachliche Beratung, Einzelhilfe, Beratung für Frauen und muttersprachliche Informationsweitergabe zu ermöglichen. Sie meinten, dass interdisziplinäre Hilfen angeboten werden sollten. Selbsthilfegruppen sollten von Fachpersonal mit Migrationshintergrund begleitet werden. Paarberatung wird als notwendig erwähnt.

Mit solchen Aussagen kann davon ausgegangen werden, dass präventive Aufklärungsarbeit in der Anfangsphase für die Flüchtlingspaare von Bedeutung ist. Dadurch sollen sie im Aufnahmeland mit der veränderten Lebenslage und mit dem neuen sozialen Umfeld zurecht kommen. Die Paare sollten sich mit den Lebensbedingungen und Gesetzen in Deutschland vertraut machen. Dann könnten sie besser mit den Veränderungen umgehen und ihre Beziehungen stärken. Die Paare sollten mit neugewonnenem Wissen über das Leben und die Gesetze in Deutschland auf die bevorstehenden Herausforderungen vorbereitet werden.

Die Auswertung der Aussagen lässt insgesamt erkennen, dass die Paarbeziehungen in dem Aufnahmeland unter Einfluss der kulturellen Hintergründe, gesetzlicher und finanzieller Lage der Frauen, Isolation, des Habitus stehen. Ebenso spielen Unsicherheit über die Zukunft, Ängste, Machtkämpfe zwischen Mann und Frau, Identitätsfindung und Selbstfindung eine Rolle. Diese können zum Entstehen von Konflikten führen, wenn die Paare keine optimalen Lösungen für den Umgang mit ihrer komplexen Lebenslage finden.

Erkennbar ist ebenfalls im Zusammenhang mit der Flucht und dem Leben in Deutschland, dass es nicht nur auf der Paarbeziehungsebene Veränderungen gibt. Die negativen Erfahrungen durch die Flucht – alles Bekannte zurück lassen zu müssen, sich mit den Schlepperbanden auseinander setzen zu müssen, beängstigende Situationen auf dem Fluchtweg, sinnlose Zeitvertreibung in den Wohnheimen, herschende Gewalt und Aggression zwischen der Flüchtlingsgruppen, die erschwerte Lebensbedingung in den Asylunterkünften, negative Erfahrungen in der deutschen Gesellschaft mit den Einheimischen wie Rassismus, fehlende Chancengleichheit, Isolation und problematische Anbahnungsmöglichkeiten für Männer und Frauen – verursachen außerdem bei einigen Flüchtlingen gesundheitliche Probleme. Insbesondere ist die psychische Erkrankung beobachtbar. Die genannten Faktoren führten zum Beispiel bei einigen befragten Flüchtlingsfrauen wie bei Frau „L", Frau „N", Frau „Y" und Frau „H" auch zu psychischen Erkrankungen und Paarproblemen.

Gleichzeitig ist für viele Frauen die Lage in Deutschland mit mehr Freiheit, mehr Rechten, mehr finanzieller Unabhängigkeit, besserem Selbstwertgefühl und mehr Selbstvertrauen in die eigenen Fähigkeiten verbunden. Dadurch glauben sie mehr an sich und beginnen, die Verantwortung für ihr Leben in die Hand zu nehmen. Jedoch sind diese Veränderungen für die betroffenen Frauen nicht nur vorteilhaft. Der negative Aspekt der persönlichen Entwicklung der Frauen zeigt sich hier in vielen Streitigkeiten, Konflikten und Krisen in der Partnerschaft, die bei manchen Paaren zu Trennung und Scheidung führen können.

Insgesamt zeigt diese Untersuchung, dass die kompetenten Paare die kritische Situation gut meistern. Sind die Paare offen für Veränderungen und können miteinander in kritischen Situationen optimal kommunizieren, finden sie kreative Wege. Sie entwickeln sich weiter und gestalten ihre Beziehung neu, wie das Paar „S" vorbildlich gemacht hat. Dieses Paar war mutig genug, um zu sagen, „wir nehmen zwei Wohnungen, um die Interessen und Bedürfnisse des anderen zu berücksichtigen".

Grundsätzlich ist festzustellen, dass die Kommunikationsfähigkeit, der Wille zur Lösungsfindung, Geduld und das Verständnis für die Bedürfnisse der anderen Person Phänomene sind, die eine Paarbeziehung positiv beeinflussen. Gewalt, Trennung und Scheidung sind hingegen Folgen der wiederholten Konfliktsituationen, in denen die Paare mit ihrer Lage überfordert waren. Bleiben die Paare bei ihrem gelernten Beziehungsmodell, scheitern sie, wenn sie keine professionelle Hilfe bekommen, wie bei den Befragten „T", „H", „L" und „A" zu sehen ist. Professionelle Hilfe und Unterstützung können somit entscheidend sein, um solchen Paaren bei der Bewältigung ihrer Probleme zu helfen und ihre Beziehung zu stabilisieren.

Zusammenfassend kann es bejaht werden, dass die Flucht und deren Folgen auf die Partnerschaft der Flüchtlingspaare Einfluss hat. Deshalb ist die Notwendigkeit verschiedener Hilfsformen im Aufnahmeland Deutschland für die Flüchtlingspaare ebenso zu bejahen.

Ein Artikel der Frankfurter Allgemeinen Zeitung vom 06.04.2021 zeigt ebenfalls, dass die Paarbeziehungen der Flüchtlinge immer unter dem Einfluss der Flucht stehen, egal wann sie fliehen und wo sie heute in Deutschland leben. Das ist auch eine Bestätigung der Aussagen der Befragten in dieser Arbeit.

Folgender Text ist ein Zitat aus Frankfurter Zeitung aus dem Jahr 2021:

Syrische Paare: Wenn auf die Flucht die Scheidung folgt, von Jennifer Wiebking (Redakteurin im Ressort „Leben" der Frankfurter Allgemeinen Sonntagszeitung), Aktualisiert am 06.04.2021-10:01

Auf Krieg, Flucht und Asylverfahren folgt für syrische Paare nicht selten die Scheidung. Denn das Leben im neuen Land verändert sie. Zwei Frauen aus Aleppo haben diese Erfahrung gemacht.

Bei dieser Frage wackelt sogar die Kaffeetasse in Nadia Nassanis Hand: warum nicht er, sondern sie gegangen ist? „Weil ich mutiger bin." Nadia Nassani schaut über die Tasse hinweg, die mit einer Sonne bemalt ist. Die Mutter vermisst die syrische Sonne, die Tochter hat sie ihr auf die Tasse gemalt, zusammen mit einem Herz. Mehr als drei Jahre lang war sie von ihr getrennt. Denn Nadia Nassani – und nicht ihr Ehemann – entschloss sich 2015, von der Türkei aus, wo die Familie zwei Jahre zuvor angekommen war, den Weg nach Deutschland anzutreten.

Mehr als drei Jahre lang war sie auch von ihrem Ehemann getrennt, gezwungenermaßen. Das Risiko der Überfahrt über das Mittelmeer konnte sie nur für sich eingehen, nicht für ihn, und schon gar nicht für ihre damals zweieinhalb Jahre alte Tochter.

Mit ihrem Kind lebt sie heute in einer Wohnung in Düsseldorf. Ein großes Kinderzimmer für die Tochter und die kleine Katze. Ein Wohnzimmer, in dem auch Nadia Nassanis Bett steht. Ihr Ehemann wohnt nicht mehr mit ihnen zusammen. Von ihm ist sie nun abermals getrennt, dieses Mal freiwillig.

„Ich bin ein Mensch mit Träumen und Wünschen"

Sarah Sawas möchte – anders als Nadia Nassani – anonym bleiben und ihren richtigen Namen nicht in diesem Text lesen. Auch sie machte sich 2015 allein auf den Weg, mit sechs Kindern – ihrem Sohn und den fünf Kindern ihrer Schwester, die schon in Deutschland lebte. Es war ihre Entscheidung, Aleppo zu verlassen. „Mein Mann wollte nicht gehen. Er hatte Angst", sagt Sarah Sawas. „Auch ich wusste, dass der Weg nicht einfach ist. Aber ich bin ein Mensch mit Träumen und Wünschen. Ich möchte nicht nur essen und schlafen, und ich konnte es nicht mehr ertragen, dort zu sitzen und mich zu fragen: Leben wir bis morgen, oder sterben wir gleich?"

So erzählt sie es an einem Sonntag im Januar in ihrer Wohnung. Die Couch ist farblich auf den Couchtisch abgestimmt. Kaffee gibt es aus der Espressomaschine. Ihr Deutsch ist fehlerfrei.

Es war damals in Aleppo die erste Trennung von ihrem Mann. Er kam nach und stieß in Griechenland zu ihr und den Kindern. Es brauchte erst die Ankunft in Deutschland, die Zeit in einer Turnhalle und die Erkenntnis, dass sich ihre Ehe auch mit dem zweiten Kind, mit dem Sawas dann schwanger war, nicht bessern würde. Sie trieb es ab – und ließ sich später scheiden.

Das Leben in Deutschland verändert sie

Wenn Nadia Nassani, 40 Jahre alt, und Sarah Sawas, 35 Jahre alt, von ihren Ehen in Syrien erzählen, dann klingt das sehr unterschiedlich. Nassani sagt: „Ich konnte ihm mehr vertrauen als jedem anderen Menschen." In Aleppo hatte sie als PR-Managerin gearbeitet. Mit Ausbruch des Krieges begann sie gemeinsam mit ihrem Ehemann, ihre Kontakte spielen zu lassen, um gegen das Regime zu arbeiten. Sarah Sawas, die in Syrien Soziologie und Pädagogik studiert hatte, sagt: „Ich war von Anfang an nicht zufrieden mit ihm."

Aber in einem Kapitel ähneln sich die Geschichten der zwei Frauen. Nachdem sie ihre Heimat verlassen hatten und sicher waren, dass sie in Deutschland bleiben konnten, begannen sie ein Leben ohne ihre Männer. Sarah Sawas und Nadia Nassani sind beispielhaft für viele Syrerinnen, deren Ehen im neuen Land zu Ende

121

gehen. Das Leben in Deutschland verändert sie. Aber auch die Flucht hinterlässt Spuren.[212]

Abschließend ist es an dieser Stelle erforderlich, einige mögliche Ideen zur Hilfestellung zur Sprache zu bringen.

---

[212] https://www.faz.net/aktuell/stil/leib-seele/syrische-paare-wenn-auf-die-flucht-die-scheidung-folgt-17270541.html, 24.01.2022, um 19:00 Uhr

7. Ausbkick

Im 21. Jahrhundert sollte davon ausgegangen werden, dass in einer solchen Gesellschaft wie in Deutschland mit Hilfe der neuen Medien und die gesellschaftlichen Gegebenheiten alle Personengruppen gleichermaßen informiert sind und Zugang zum Hilfesystem haben. Es sollte davon ausgegangen werden, dass alle in der Gesellschaft die gleiche Chance zur Gestaltung ihres Alltags und zur persönlichen Entwicklung haben. Wie aus den Aussagen der Befragten oben zu entnehmen ist, sieht die Realität anders aus. Die gewonnenen Erkenntnisse zeigen, dass viele Flüchtlingspaare mit dem Alltag und mit dem Leben in Deutschland überfordert sind. Sie sind auf die Hilfe hier angewiesen.

Thiersch (2013, n. Rahimi 2014) zufolge gehört die Bearbeitung von lebensweltlichen, alltäglichen Problemen zum Zuständigkeitsbereich der Sozialen Arbeit. Die Soziale Arbeit hat die Aufgabe, Ungleichheiten in den realen Lebensverhältnissen abzuschaffen. Darunter kann verstanden werden, dass die Bemühungen der Sozialen Arbeit als integraler Bestandteil sozialstaatlicher Strukturen darauf abzielen sollten, problematische Lebenssituationen von Menschen zu verändern oder zu beseitigen.[213]

Diese Probleme resultieren aus der Eigenart moderner Dienstleistungs- und Informationsgesellschaften sowie den daraus resultierenden sozialen Konflikten wie Armut, Veränderungen von Normal- und Erwerbsbiografien (Arbeitslosigkeit), dem Wandel familiärer Lebensformen, Mobilität und dem Schub der Individualisierung. Hinzu kommt die Durchrationalisierung von Lebenswelten durch Informations- und Kommunikationstechnologien.[214]

Nach diesen Erklärungen der Fachleute müssten also die Gesellschaftsmitglieder zur Bewältigung der Alltagsanforderungen, die bei ihnen zu Problemlagen führen, von der Sozialen Arbeit Unterstützung bekommen. Ein Konzept, das die Besonderheiten moderner Gesellschaften und die Lebenswelt der Adressaten im sozialarbeiterischen Handeln besonders betont, ist das Konzept der „lebensweltorientierten Sozialen Arbeit".[215]

---

[213] vgl. Thiersch n. Rahimi 2014
[214] vgl. Erler 2007 n. Rahimi 2014
[215] vgl. Thole 2013 n. Schilling/Gängler/Züchner/Thole (Hrsg.) n. Rahimi 2014

Angesichts des starken Einflusses des sozialen Wandels auf das Leben von Paaren erscheint dieses Konzept geeignet. Das Konzept gewinnt zusätzlich Bedeutung, da es einen erheblichen Einfluss auf die Jugend- und Familienhilfe in der Sozialen Arbeit ausübt. Durch einen theoretischen Ansatz erklärt und reflektiert es die Gesellschaft, die Lebenswelt der Adressaten, die gesellschaftliche Funktion, die organisatorischen Rahmenbedingungen, das professionelle Handeln und den Wissenschaftscharakter der Sozialen Arbeit.[216]

Da die Adressaten nach dem lebensweltorientierten Konzept von Thiersch die Experten ihrer Lage sind, sollte die Soziale Arbeit in ihrer Rolle nur zum Aufbruch, zur Veränderung und zu neuen Lernprozessen anregen und sollte bei der Entwicklung von Räumen und Kompetenzen helfen. Sozialarbeitende müssen einerseits Respekt und Anerkennung für die vorhandenen lebensweltlichen Verhältnisse der Adressaten zeigen und andererseits müssen sie versuchen, mit der Eröffnung von Chancen, Notwendigkeiten, Zumutungen und Provokationen (Destruktionen) Adressaten zu einem gelingenderen Alltag zu verhelfen.[217]

Ausführlichere Informationen zu den Aufgaben und Rollen der Sozialen Arbeit, den Adressaten der Sozialen Arbeit sowie dem lebensweltorientierten Konzept finden die Leser im Buch „Paare in Interaktion, Konflikten-Krisen-Lösungen", Rahimi (2014).

Wird eine Gegenüberstellung der Theorien aus dem Kapitel zwei und den Informationen aus dem Kapitel vier sowie den Aussagen der Befragten durchgeführt, wird es deutlich, dass die Gestaltung einer Paarbeziehung sehr komplex ist. Sie ist von vielen Faktoren abhängig und kann aus verschiedenen Perspektiven betrachtet werden. Eine wichtige Rolle spielen zum Beispiel dabei Phänomene wie die Herkunftsfamilie, Lebenserfahrungen, Habitus, Fähigkeiten und Kompetenzen der Personen zum Meistern der Alltagsangelegenheiten, Kommunikationsform, Problemlösungsformen, Organisationsfähigkeit, Verständnis und Respekt füreinander, gesellschaftliche Strukturen, gesetzliche Grundlagen und die Ressourcen des Paares.

---

[216] vgl. ebenda
[217] vgl. ebenda

Generell gelingt es den Paaren ihre Beziehung im Alltag langfristig optimal mit Zufriedenheit und guter Qualität zu gestalten, wenn die Balance in der Beziehung vorhanden ist. Sie müssen sich daher anpassen können und neue Verhaltensmuster entwickeln können, falls sie in ihrer Beziehung aufgrund ihres bisherigen Handlungsmuster Schwierigkeiten haben. Wie Schneewind (2009, siehe Kapitel 2) betont, hat die Qualität der Paarbeziehung und später die Qualität der Elternbeziehung eine bedeutende Rolle für das Ausmaß an Beziehungszufriedenheit und ebenso für eine mehr oder weniger gelingende Bewältigung der Alltagsanforderungen. Deshalb spielen für ein hohes Maß an Partnerschaftszufriedenheit und Paarstabilität Faktoren wie ein starkes Zusammengehörigkeitsgefühl, geringe wechselseitige Kontrolle, soziale Kompetenz, Einfühlungsvermögen, geringe Verletzlichkeit und konstruktive Konfliktregulierung eine bedeutende Rolle. Ebenso sind für eine gute und stabile Beziehung weitere Faktoren von Bedeutung. Wie die Beziehungskonzepte (siehe Kapitel 2) betonen, haben alle Menschen den Wunsch nach Nähe, Geborgenheit und Rückhalt, welche mit Bindung verknüpft sind. Die unterschiedlichen persönlichen Erfahrungen in der Ursprungsfamilie und späteren eigenen Beziehungen führen demnach dazu, dass bei jedem Menschen ein Signal unterschiedliche Gefühle auslösen kann. Jeder Mensch entwickelt im Laufe seines Lebens unterschiedliche Interaktionsmuster, die als Auslöser für positive und negative Gefühle fungieren. Die Soziale Arbeit könnte deshalb unter Beachtung dieser Erkenntnisse ihre Angeobte für die Paare neben Aufklärungsarbeit mit interessanten Übungen so gestalten, dass die Paare nicht nur Interesse an der Teilnahme entwickeln, sondern auch die neu gewonnen Inhalte mit Begeisterung an weitere Personen weiter geben.

Außerdem sind, wie Beck/Beck-Gernsheim (1990) betonen und die Befragten mit ihren Aussagen auch deutlich gemacht haben, die gesellschaftlichen Entwicklungen bei der Erklärung der Geschlechterbeziehungen zu beachten. Auch ging Bourdieu (2005) in seinem Buch "Die männliche Herrschaft" davon aus, dass die Gestaltung der Beziehungen zwischen den Geschlechtern, ihre Rollen und Stellungen in der Partnerschaft von den bestehenden Herrschaftsverhältnissen, Institutionen, Gesetzen, Regeln, politischen Einflüssen und gesellschaftlichen Strukturen sowie den geschichtlichen sowie kulturellen Entwicklungen beeinflusst wird. Laut ihm entwickeln die Individuen im Laufe ihres Lebens einen Habitus, der bestimmte Wünsche, Zeithorizonte, Aspirationen und Umgangsweisen mit der Welt ermöglicht, während andere ausgeschlossen werden. Es ist daher wichtig, dass die Gesellschaft Chancengleichheit und Zugang zu den Ressourcen für alle Personen in der Gesellschaft ermöglicht. Deshalb sind die Angebote der Sozialen Arbeit wichtig. Damit können die Flüchtlingspaare neben Zugang zu Hilfen und Ressourcen im neuen Heimatland auch ein Bewusstsein für die Einflüsse der Rahmenbedingungen auf ihre Beziehung bekommen. Sie können so die neuen Gegebenheiten besser verstehen, aber auch lernen sie, trotz veränderter Bedingungen gemeinsam neue Möglichkeiten zu nutzen.

Mit Angeboten der Sozialen Arbeit können die Paare vieles über eine funktionierende Partnerschaft lernen. Als Beispiel können sie lernen, dass es Verständnis und respektvollen Umgang miteinander in der Beziehung bedarf, damit die Beziehung langfristig gelingen kann. Aber auch müssen sie sich gegenseitig vertrauen, damit ihr Alltag im neuen Heimatland im Sinne von beiden Personen abläuft. So werden weder die Frauen aufgrund einer besseren Wirtschaftslage bedingt durch die Sozialleistungen an Trennung denken, noch werden die Männer Angst haben, dass die Frauen eine Trennung anstreben werden, weil sie nicht mehr auf das Geld vom Partner angewiesen sind.

Es ist notwendig, dass das Paar offen und ohne Angst über die Gefühle und Gedanken miteinander sprechen kann. Die Paare müssen in die Lage versetzt werden, in dieser komplexen Zeit den Alltag gut organisiert zu bekommen. Die Lebenslage der Paare sollte für deren geistige und psychische Entwicklung optimal sein. Es ist wichtig, dass die Sorgen und Ängste um die Finanzen, den Alltag, die Ausgrenzungen und die Benachteiligungen usw. gemeinsam unter die Lupe genommen werden und das Paar sich vereinigt um die Lösungsfindung kümmert. Wenn sich beide in der Partnerschaft für die bessere Qualität der Beziehung interessieren und dafür etwas tun, kann es Hoffnung für eine dauerhafte und gute Paarbeziehung geben. Damit die Paare und die Familien in Deutschland ihr Leben als fähige Personen in die Hand nehmen können, bedarf es die Unterstützung der Sozialen Arbeit in verschiedenen Hilfsformen. Damit sie die Herausforderungen meistern können, die durch die Flucht und deren Folgen entstehen, muss die Soziale Arbeit ihnen Angebote machen.

Aus den Aussagen der Befragten wurde ersichtlich, dass die Flüchtlinge in der Anfangsphase intensivere Hilfestellungen benötigen. Eine Idee ist es daher, dass in der Anfangsphase kostenlose und muttersprachliche Hilfen für die Flüchtlingspaare vorhanden sein sollten. Der Grund dafür ist, dass sie in dieser Phase finanziell sehr schwach sind und ebenso mit Sprachbarrieren zu kämpfen haben. Die Angebote der Sozialen Arbeit können diese Menschen in dieser Phase gut erreichen, da fast in jedem Heim Sozialarbeiter tätig sind. Wie Herr „S", Frau „Y" und Frau „M" im Gespräch gesagt haben, sollten die Fachkräfte mit muttersprachlichen Kenntnissen und mit Migrationshintergrund einbezogen werden, weil die Ankömmlinge aufgrund der gemeinsamen Herkunft, Kultur und Sprache viel eher Vertrauen zu solchen Fachkräften aus ihrem eigenen Heimatland entwickeln. Allgemein ist es wichtig, dass die Sozialarbeiter interkulturelle Kompetenz haben, damit sie für die Bedürfnisse und Werte der Flüchtlinge sensibel sind.

Die Angebote können in der Einzel- und Gruppenform für die Arbeit mit der Zielgruppe zustande kommen.

Die Studierenden der Sozialen Arbeit, die sich für die Arbeit mit Flüchtlingen interessieren, sollten während ihres Studiums lernen, wie sie mit den Flüchtlingspaaren Beratung und Gruppenarbeit durchführen sollten. Aber auch müssen für die Fachkräfte in der Praxis Weiterbildungsangebote vorhanden sein, wenn sie mit Flüchtlingen arbeiten.

Alle Befragten waren sich einig, dass in der Anfangsphase ein Gefühl der Hilflosigkeit herrscht und es an Informationen über das Hilfesystem fehlt.

Flüchtlinge kommen meistens nach einer schwierigen Lebensphase nach Deutschland. Sie haben alles verloren und benötigen Anlaufstellen. Sie bedürfen der Begleitung, die ihnen zeigt, wie sie ihr Leben in Deutschland in den Griff bekommen können. Sie sollten wie eine Befragte, Frau „G", sagte, über das Hilfesystem wie die vorhandenen Beratungsstellen mit verschiedenen Schwerpunkten, Schulsystem und Themen wie den Elternabend usw. informiert werden.

Wenn sie mit der Kindererziehung und ihrer Partnerschaft überfordert sind, sollten sie wissen, wo und wie sie die notwendige Hilfe bekommen können. Die Informationsweitergabe soll umfangreich sein. Die berufliche Integration ist im neuen Sozialraum ebenso bedeutungsvoll, da ansonsten möglicherweise das Selbstwertgefühl erschüttert werden kann oder es wird sogar der Stellenwert des Betroffenen in der Beziehung und in der Familie negativ beeinflusst, wie beim Ehemann von Frau

„N" deutlich wurde. Die angebotenen Hilfen sollten in einer Form erfolgen, die einfach zu verstehen und zu begreifen sind.

Integration beginnt mit der Befähigung zur Kontaktherstellung, zu Kommunikation und Andocken an das System. Das bedeutet, dass die Flüchtlinge die deutsche Sprache beherrschen müssen. Das soll bisher im Rahmen der Integrationskurse erfolgen. Allerdings ist der Erfolg dieser Kurse bislang fragwürdig, da viele Flüchtlinge selbst nach vielen Jahren in Deutschland immer noch keine guten Deutschkenntnisse haben. Es wird seit vielen Jahren von der Integration der Flüchtlinge in Deutschland gesprochen. Jedoch, wie der Aussage von Herrn „S" (das Paar „S") in seinem Interview zu entnehmen ist, fühlen sich die Flüchtlinge nach dem Besuch der Sprachkurse nicht integriert, nicht ausreichend informiert und nicht vorbereitet zum Leben in Deutschland.

Wenn sie zum Besuch des Integrationskurses verpflichtet werden, könnten sie ebenso in Einzel- und Gruppenarbeit mit verschiedenen Themen wie die Beziehungsgestaltung, Kindererziehung, Schulsystem, Bildungsmöglichkeiten, Arbeitsmarkt, die gesellschaftliche Normen, rechtliche Grundlagen, Behörden, das deutsche Gesundheitssystem und zu den anderen alltäglichen Aspekten bzw. allgemein zum Leben in Deutschland in Form von Lernbausteinen informiert werden. Sie sollten auch über die lokalen Gemeinschaften / Netzwerke informiert werden. Am Besten könnten sich die Veranstalter vorstellen und Erstkontakte knüpfen.

Dadurch können sie aus ihrer Isolation herauskommen und in den Gemeinschaften integriert werden, so dass sie sozialen Anschluss finden.
Kargah e.V. ist ein Beispiel dafür, wie die Befragten, Frauen „M" und Frau „L", beispielsweise erklärt haben. Kargah e.V. bietet diverse Aktivitäten und auch können die Besucher den Standort als Treffpunkt nutzen.

Bezüglich der Hilfsangebote zur Arbeitssuche bieten heutzutage die Bildungsträger für die Erwerbslosen unter bestimmten Bedingungen viele Maßnahmen an, die von den Behörden wie die Bundesagentur für Arbeit und die Jobcenter in Deutschland finanziert werden. Allerdings ist festzuhalten, dass diese Angebote auf bestimmte Ziele fokussiert sind. Deshalb ist es wichtig, dass ein Fachbereich wie die Soziale Arbeit aktiv in diesem Zusammenhang Unterstützungsangebote für die hilfebedürftigen Flüchtlinge bereit stellt.

Statt jahrelang passiv, isoliert und erwerbslos zuhause zu bleiben, was sehr wahrscheinlich zu psychischen Erkrankungen und familiären Problemen führen wird, kann die erfolgreiche Arbeitsaufnahme ihre finanzielle Unabhängigkeit fördern und ihr Selbstwertgefühl stärken.

Nach den gewonnenen Kenntnissen aus den Interviews ist es auch ersichtlich, dass die Frauen viele Unannehmlichkeiten in ihrer Beziehung in den Herkunftsländern aushalten müssen. Ihre finanzielle Lage ist meistens in ihrer Heimat unsicher. Die Ehemänner haben meistens für den Lebensunterhalt gesorgt. Wird die finanzielle Unabhängigkeit der Frauen durch das Hilfesystem im Aufnahmeland gesichert, müssen die Frauen keine Gewalt in der Partnerschaft mehr tolerieren. Die bisherige Beziehungsform und die Handlungsmuster funktionieren nicht mehr. Die Männer haben ihre Macht in der Partnerschaft bedingt durch die wirtschaftliche Unabhängigkeit der Frauen hier verloren. Auch die veränderte rechtliche Lage stärkt die Position der Frauen und gibt den Männern das Machtlosigkeitsgefühl in Deutschland.

Viele Männer haben Probleme mit ihren neuen Rollen hier. Sie verlieren ihren Stellenwert in der Beziehung im Aufnahmeland Deutschland, wie die Befragten, Frau „N" und Frau „A" erzählt haben. Es ist für sie schwierig, mit der neuen Situation umzugehen. Der kulturelle Hintergrund und die gesellschaftlichen Strukturen haben sich hier für sie geändert. Nichts ist mehr so, wie sie in ihrer Heimat kennengelernt haben.

Die Partnerinnen akzeptieren die bisher ausgeübten Verhaltensmuster der Männer nicht mehr. Das führt öftmals zu Konflikten. Viele Männer können sehr wahrscheinlich diese Veränderungen nicht verstehen. Manche Männer finden das als so problematisch, wie im Fall von Frau „N", dass diese Männer depressiv und passiv werden. Sie können dann im Aufnahmeland nicht optimal ankommen. Das kann zu mehr Paarproblemen führen, wie unsere Fallbeispiele oben gezeigt haben. Es kommt somit öfters zu Trennungen und Scheidungen. Deshalb ist es wichtig, dass sie hier unterstützt werden, um ihre Beziehung grundlegend neu zu gestalten.

Ein Nebeneffekt der Gruppenaktivitäten oder Kurse für die Flüchtlingspaare ist es auch, dass die Fachleute während der Teilnahme an den Kursen oder an den Gruppenaktivitäten viel über die Teilnehmer erfahren. Erfahren sie beispielsweise, dass jemand angesichts der Erfahrungen vor der Flucht oder während der Flucht psychische Belastungen hat, können sie die psychosoziale Beratung erklären bzw. organisieren. Die psychosoziale Beratung oder ähnliche Hilfsformen können frühzeitig entgegenwirken und für die Besserung der Lage sorgen. Beim Bedarf kann auch die notwendige Therapie organisiert werden.

Aber die Teilnehmer bekommen auch durch die Teilnahme an solchen Angeboten mehr Vertrauen zu anderen und es können Freundschaften entstehen. Das kann dafür sorgen, dass ein Teilnehmer mit Problemlage sich gegenüber anderen öffnet und über seine kritische Situation in ihrer Beziehung etc. spricht. Das wird eine Möglichkeit für die Kurs-, und Gruppenleiter sein, Unterstützung und Information anzubieten.

Gruppenaktivitäten können vielformig gestaltet werden. Die Gruppenangebote können von gemeinsamen Unternehmungen wie Wandern, Kochen, Basteln, Diskussionsrunden bis zum Erlernen von Kommunikationsregeln, Gestaltung der sozialen Beziehungen, kreative Lösungsfindung in problematischen Lebenslagen, Kindererziehungsformen usw. reichen. Diese Gruppenangebote sollten unter Berücksichtigung des Bildungsniveaus, Alters und der Lebenslage erfolgen.

Die Paarberatung ist eine andere Form der Hilfestellung. Sie sollte die Paare dabei unterstützen, ihre Beziehung zu stärken. Die Beratung sollte so flexibel stattfinden können, dass jedes Paar passende Bausteine für seine persönliche Lage aussuchen kann. Die Bausteine können schwerpunktmäßig kategorisiert werden. Ein Teil sollte sich der Aufklärungsarbeit widmen, während ein anderer Teil Techniken für den alltäglichen Umgang miteinander vermittelt.

Die Schwerpunkte können wie folgt zum Beispiel festgesetzt werden:

- **Respekt, Verständnis, Akzeptanz**
- **Rollen in der Beziehung, Habitus und neue Verhaltensmuster**
- **Kommunikation, Umgang mit Belastungen, Konflikten und Problemen**
- **Organisation des Alltags, Zeitplanung**
- **gesellschaftliche Strukturen, Machtkämpfe, Normen und Werte**
- **Rechtliche Grundlagen**

Die Soziale Arbeit hat mit vielen Ansätzen und Konzepten wie die Alltagsoriente Arbeit, Empowermentkonzept und Befähigungskonzept genügend Instrumente für die Gestaltung der Hilfsangebote für die Flüchtlinge. Motivierende Beratung und weitere Angebote können ihre Adressaten erreichen, wenn sie ernstgemeint und im optimalen Rahmen passend zur Lage des Empfängers mit kompetenten Fachkräften organisiert und umgesetzt werden.

Informationen zu den Angeboten und dem Hilfesystem könnten in dem einundzwangzigten Jahrhundert in einer digitalen Gesellschaft über eine App in verschiedenen Sprachen den Flüchtlingen zugänglich gemacht werden. Voraussetzung dafür ist, dass die Flüchtlinge über ein mobiles Gerät verfügen. Bei der Antragstellung oder im Wohnheim könnte ihnen der Code für die genannte App zur Verfügung gestellt werden.

Diese App sollte automatisch erkennen können, in welcher Sprache und an welchem Ort das Gerät benutzt wird. In der Sprache sollten dem Nutzer die Angebote sowie die Liste der helfenden Stellen bekannt gegeben werden. So bekommt beispielsweise ein Flüchtling in Frankfurt die Angebote und die Liste der Stellen in Frankfurt, während ein Flüchtling in Köln die passenden Informationen für Köln bekommt. Die App muss benutzerfreundlich gestaltet sein und leicht verständliche Informationen bereitstellen. Es wäre wichtig dabei, die Zuständigkeit für die Entwicklung einer solchen App zu klären. Auch sollten Datenschutzaspekte bei der Umsetzung berücksichtigt werden. Staatliche Stellen sollten die Finanzierung der sozialen Projekte, Maßnahmen in der Sozialen Arbeit anstatt die vielen Kosten für die Behandlung der psychischen Erkrankungen aufgrund der Eheprobleme, Trennungs- und Scheidungskosten oder Ausgaben für die Verhaltensauffälligkeiten der Kinder und Jugendlichen in Bezug auf problematische Elternbeziehung übernehmen.

„Als sie anfingen, wollten sie ein Nest bauen.

Als sie fertig waren, merkten sie, dass es ein Käfig war.“[218]

---

[218] Ein alter polnischer Aphorismus

II. Literatur

Agha, Tahereh 1997, Lebensentwürfe im Exil, biographische Verarbeitung der Fluchtmigration iranischer Frauen in Deutschland, Frankfurt am Main . Neu York, Campus Verlag

Amnesty International 2014, Flüchtlingsbegriff, Amnesty International 2014, Flüchtlingsbegriff, http://www.amnesty.ch/de/themen/menschenrechte/fluechtlingsrecht, Stand: 15.10.14)

Azadi, Pooya / Mirramezani, Matin / Mesgaran, Mohsen 2020, Migration and Brain Drain from Iran, Working Paper 9, Stanford Iran 2040 Project, Stanford University, 2020, S. 8-9, online abrufbar unter: https://iranianstudies.stanford.edu/iran-2040-project/publications/migration-and-brain-drain-iran n. Deutscher Bundestag 2022, Dokumentation, WD 1 - 3000 - 031/22

Beck, Ulrich 2012, Risikogesellschaft, Auf dem Weg in eine andere Moderne, 21. Aufl., Frankfurt am Main, Suhrkamp Verlag

Beck, Ulrich/Beck-Gernsheim, Elisabeth 1990, Das ganz normale Chaos der Liebe, 1. Aufl., Frankfurt am Main, Suhrkamp Verlag

Bertram, Hans/ Spieß, C. Katharina 2010, Ehe, Familie, Werte-Migrantinnen und Migranten in Deutschland, Monitor Familienforschung, Beiträge aus Forschung, Statistik und Familienpolitik, Bundesministerium für Familien, Senioren, Frauen und Jugend (Hrsg.), Ausgabe 24, Berlin, (Download 16.10.2014)

Bierhoff, Hans-Werner/Rohmann, Elke 2009, Persönliche Beziehungen aus sozialpsychologischer Sicht, in Lenz, Karl/Nestmann, Frank (Hrsg.), Handbuch Persönliche Beziehungen, Weinheim . München, Juventa Verlag, S. 49-74

Bodenmann, Guy 2004, Verhaltenstherapie mit Paaren, ein modernes Handbuch für die psychologische Beratung und Behandlung, Bern . Göttingen . Toronto . Seattle, Hans Huber Verlag

Bourdieu, Pierre 2014, Die feinen Unterschiede, Kritik der gesellschaftlichen Urteilskraft, 24. Aufl., Frankfurt am Main, Suhrkamp Verlag

Bourdieu, Pierre 2005, Die männliche Herrschaft, 1. Aufl., Frankfurt am Main, Suhrkamp Verlag

Bourdieu, Pierre 1997, Die verborgenen Mechanismen der Macht, Schriften zu Politik & Kultur 1, Steinrücke, Margareta (Hrsg.), Hamburg, VSA-Verlag

Brinkmann, Heinz Ulrich/Marschke, Britta 2014, MigrantInnenarbeit – eine Einführung, Marschke, Britta/Brinkmann (Hrsg.) Handbuch Migrationsarbeit, 2. Aufl., Wiesbaden, Springer VS

Bundesamt für Migration und Flüchtlinge (Hrsg.) 2023, Das Bundesamt in Zahlen 2022, Asyl, Stand März 2023, (Download 18.11.2023)

Bundesamt für Migration und Flüchtlinge (Hrsg.) 2021, Migration. Familie. Soziale Beziehungen. Transnationale Familienkonstellationen und soziale Einbindung von Menschen aus Eritrea und Syrien in Deutschland

Bundesamt für Migration und Flüchtlinge (Hrsg.) 2020, aktuelle Zahlen, file:///C:/Users/zarte%20Blume/Desktop/Juni.2020/Forsch.%202020/aktuelle%20Fl%C3%BCchtlingzahlen%2012.2020.pdf, (Download 06.04.2021)

Bundesamt für Migration und Flüchtlinge (Hrsg.) 2015, Das Bundesamt in Zahlen, Asyl, Stand März 2015, (Download 05.06.2015)

Bundesamt für Migration und Flüchtlinge (Hrsg.) 2014, Aktuelle Zahlen zu Asyl, Ausgabe Dezember 2014, (Download 14.01.2015)

Bundesamt für Migration und Flüchtlinge (Hrsg.) 2014, Das Bundesamt in Zahlen 2013, Asyl, Migration und Integration, Referat 124, Nürnberg, (Download 09.01.2015)

Bundeszentrale für politische Bildung 2013, Definition: Migration, http://www.bpb.de/gesellschaft/migration/dossier-migration/57302/definition (Download 05.03.2013)

Busche, Gesa Anne 2013, Über-Leben nach Folter und Flucht, Resilienz kurdischer Frauen in Deutschland, Kultur und Soziale Praxis, Bielefeld, transcript Verlag

Countrymeters 2023, Iran, Islamische Republik Bevölkerung, https://countrymeters.info/de/Iran, (Download 15.11.23)

Daneshjoo, Shahriar 2003, „Der Grad der sozialen Integration iranischer MigrantInnen in der Bundesrepublik Deutschland in Abhängigkeit von ihren Lebensgewohnheiten" „Ein Statusbericht am Beispiel des Ernährungs- und Konsumverhaltens von im Bundesland Hessen lebenden IranerInnen", https://jlupub.ub.unigiessen.de/server/api/core/bitstreams/df43f33e-8420-41c7-9eed-d71e5df4fc2d/content, (Download 30.05.24)

Das Programm MAXQUDA: http://www.maxqda.de/produkte/was-ist-qda-software

Daškova, Polina V. 2007, Lenas Flucht, Kriminalroman, 3. Aufl., Berlin, Aufbau-Taschenbuch-Verlag

Dornemann, Axel 2005, Flucht und Vertreibung, aus den ehemaligen deutschen Ostgebieten in Prosaliteratur und Erlebnisbericht seit 1945, eine annotierte Bibliographie, Stuttgart, Hiersemann Verlag

Dresing, Thorsten/Pehl, Thorsten 2012, Praxisbuch Interview & Transkription, Regelsysteme und Anleitungen für qualitative ForscherInnen, 4. Aufl., Marburg

Dresing, Thorsten/Pehl, Thorsten 2018, Praxisbuch Interview, Transkription & Analyse. Anleitungen und Regelsysteme für qualitativ Forschende. 8. Auflage. Marburg

Erler, Michael 2007, Soziale Arbeit, Ein Lehr- und Arbeitsbuch zu Geschichte, Aufgaben und Theorie, 6. Aufl., **Weinheim . München,** Juventa Verlag

Flick, Uwe 2014, Qualitative Sozialforschung, Eine Einführung, König, Burghard (Hrsg.), 6. Aufl., Hamburg, im Rowohlt Taschenbuch Verlag

Flick, Uwe 2011, Qualitative Sozialforschung, Eine Einführung, König, Burghard (Hrsg.), 4. Aufl., Hamburg, im Rowohlt Taschenbuch Verlag

Friebertshäuser, Barbara/Langer, Antje 2010, Interviewformen und Interviewpraxis, Friebertshäuser, Barbara/Langer, Antje/Prengel, Annedore (Hrsg.), Handbuch Qualitative Forschungsmethoden in der Erziehungswissenschaft, 3. Aufl., Weinheim . München, Juventa Verlag, S. 437-455

Fuchs-Heinritz, Werner/König, Alexandra 2014, Pierre Bourdieu, eine Einführung, 2. Aufl., Konstanz, UVK-Verlag

Gäbel, U./Ruf, M./Schauer, M./Odenwald, M./Neuner, F. 2006, Prävalenz der Posttraumatischen Belastungsstörung bei Asylbewerbern in Deutschland und Versuch der Erfassung der Störung im Rahmen der Asylverfahrenspraxis n. *Zeitschrift für Klinische Psychologie und Psychotherapie*, 35, 12-20

Gag, Maren/Voges, Franziska 2014, Inklusion als Chance?, Eine Einführung, Gag, Maren/Voges, Franziska (Hrsg.), Bildung in Umbruchsgesellschaften, Inklusion auf Raten, Zur Teilhabe von Flüchtlingen an Ausbildung und Arbeit, Bd. 10, Münster, Waxmann Verlag, S. 7-14

Gesetze im Internet 2021, https://www.gesetze-im-internet.de/gg/art_16a.html, (Download 08.04.2021)

Ghaseminia, Morteza 1996, Iraner und Iranerinnen in Deutschland. Migrationsgeschichte, Lebenssituation und Integrationsprobleme, Dissertation zur Erlangung des Doktors der Philosophie an der Fakultät für Geistes- und Sozialwissenschaften der Universität Hannover

Gierlichs, H.W./Wenk-Ansohn, M. 2005, Grenzen und Möglichkeiten klinischer Gutachten im Ausländerrecht n. Zeitschrift für Ausländerrecht 5, Seite 158 - 163

Griese, Birgit/Griesehop, Hedwig Rosa 2007, Biographische Fallarbeit, Theorie, Methode und Praxisrelevanz, Lehrbuch, 1. Aufl., Wiesbaden, VS Verlag für Sozialwissenschaften

Grunert, Christine 2008, Asyl, bedrohtes Recht, 1. Aufl., Bad Honnef, Horlemann Verlag

Hashemi, Kazem/Adineh, Javad 1998, Verfolgung durch den Gottesstaat, Menschen und ihre Rechte im Iran, Iranische Flüchtlinge in Deutschland, PRO ASYL, (Download 12.06.2015)

Hauss, Gisela, Maurer Susanne (Hrsg.) *2010*, *Migration*, *Flucht* und *Exil* im Spiegel der Sozialen Arbeit, Bern Verfügbar unter: http://hdl.handle.net/11654/22090

Hennig, Marina 2006, Individuen und ihre sozialen Beziehungen, 1. Aufl., Wiesbaden, VS Verlag für Sozialwissenschaften

Herz, Andreas 2014, Strukturen transnationaler sozialer Unterstützung, Eine Netzwerkanalyse von *personal communities* im Kontext von Migration, Häußling, Roger/ Stegbauer, Christian (Hrsg.), (Diss.) Universität Hildesheim 2012, Wiesbaden, Springer Verlag

Hoodgarzadeh, Mahzad 2014, Bildungsgeschichten iranischstämmiger Familien in Deutschland, Eine geschichts-, länder- und generationsübergreifende Studie, Koblenz-Landau, Universität Koblenz-Landau, Fachbereich Erziehungswissenschaft, Koblenz-Landau, (Diss.)

Jakob, Gisela 2010, Das narrative Interview in der Biographieforschung, Friebertshäuser, Barbara/Langer, Antje/Prengel, Annedore (Hrsg.), Handbuch Qualitative Forschungsmethoden in der Erziehungswissenschaft, 3. Aufl., Weinheim . München, Juventa Verlag, S. 219-233

Jannat, Masoud 2005, Iranische Flüchtlinge im deutschen Exil, Probleme einer Abstiegssituation, Philipps-Universität Marburg, Fachbereich Gesellschaftswissenschaften und Philosophie, Marburg, (Diss.) (Download 12.06.2015)

Karasek, Hellmuth 2004, Auf der Flucht, Erinnerungen, Berlin, Ullstein Verlag

Koran auf Deutsch 2016, http://www.koran-auf-deutsch.de/30-die-r%C3%B6mer-ar-r%C3%BCm, (Download 20.05.16)

Krais, Beate/Gebauer, Gunter 2010, Habitus, 3. Aufl., Bielefeld, transcript Verlag

Krack-Roberg, Elle/Krieger, Sascha/Sommer, Bettina/Weinmann, Julia 2013, Datenreport 2013, Ein Sozialbericht für die Bundesrepublik Deutschland, Bundeszentrale für politische Bildung, Statistisches Bundesamt (Hrsg.), Bonn, (Download 08.02.2014)

Krueger Antje 2013, Flucht-Räume. Neue Ansätze in der Betreuung von psychisch belasteten Asylsuchenden, Frankfurt, Campus Verlag

Kuckartz, Udo/Rädiker, Stefan 2010, Handbuch qualitative Methoden in der Sozialen Arbeit, Bock/Miethe (Hrsg.), Opladen .Farmington Hills. MI, Barbara Budrich Verlag

Küsters, Ivonne 2009, Narrative Interviews, Grundlagen und Anwendungen, 2. Aufl., Wiesbaden, Springer VS Verlag für Sozialwissenschaften

Küsters, Ivonne 2005, Soziologisch forschen mit narrativen Interviews, Fachbereich Kultur- und Sozialwissenschaften, Institut für Soziologie, Lehrgebiet für Allgemeine Soziologie/Soziologie III, Fernuniversität in Hagen, www.fernunihagen.de/KSW/bapo/pdf/Schaukasten_03622.pdf, (Download 11.09.2015), S. 43- 72

Laireiter, Anton-Rupert 2009, Soziales Netzwerk und soziale Unterstützung, in Lenz, Karl/Nestmann, Frank (Hrsg.), Handbuch Persönliche Beziehungen, Weinheim . München, Juventa Verlag, S. 75-99

Lamnek, Siegfried 2010, Qualitative Sozialforschung, 5. Aufl., Weinheim . Basel, Beltz Verlag

Lenz, Karl 2009, Paare in der Aufbauphase, in Lenz, Karl/Nestmann, Frank (Hrsg.), Handbuch Persönliche Beziehungen, Weinheim . München, Juventa Verlag, S. 189-220

Lenz, Karl 2009, Persönliche Beziehungen, Soziologische Traditionslinien, in Lenz, Karl/Nestmann, Frank (Hrsg.), Handbuch Persönliche Beziehungen, Weinheim . München, Juventa Verlag, S. 29-47

Lenz. Karl 2008, Persönliche Beziehungen, in Willems, Herbert (Hrsg.), Lehr(er)buch Soziologie. Eine systematische Einführung für die pädagogische Ausbildung und Berufspraxis, 1. Aufl., Bd. 2, Wiesbaden, VS Verlag für Sozialwissenschaften, S. 681-701

Lenz, Karl / Nestmann, Frank 2009, Persönliche Beziehungen - eine Einleitung, in Lenz, Karl/Nestmann, Frank (Hrsg.), Handbuch Persönliche Beziehungen, Weinheim . München, Juventa Verlag

Marschke, Britta 2014, Interkulturelle Arbeit zwischen Anspruch und Wirklichkeit, Marschke, Britta/Brinkmann, Heinz Ulrich (Hrsg.), Handbuch Migrationsarbeit, 2. Aufl., Wiesbaden, Springe VS, S. 79-91

Mayring, Philipp/Gahleitner, Silke Birgitta 2010, Handbuch qualitative Methoden in der Sozialen Arbeit, Bock/Miethe (Hrsg.), Opladen .Farmington Hills. MI, Verlag Barbara Budrich

Mohaqeq Damad, Seyed Mostafa 1993, Tahlil-e feqhiy-e Hoqouq-e Khanevadeh, Nekah va Enhale-e an, 4. Aufl. Teheran, Sazeman-e Chap va Entesharat-e Vezarat-e Farhang va Ershad-e Eslami Verlag

Müller, Doreen 2010, Flucht und Asyl in europäischen Migrationsregimen, Metamorphosen einer umkämpften Kategorie am Beispiel der EU, Deutschlands und Polens, Göttingen, Universitätsverlag Göttingen

Naghdi, Asadulah 2010, Iranian Diaspora, With focus on Iranian Immigrants in Sweden, Department of social science, Bu-Ali Sina University, Iran, in Asian Social Science (Hrsg.) November 2010, Vol. 6, No. 11,Iranian Diaspora, With focus on Iranian Immigrants in Sweden.pdf (Download 24.04.2015)

Navabakhsh, Mehrdad/Paknia, Shahriyar 2015, Developmental Idealism and the Proposal of a Theoretical Model for Family Change in Iran, Department of Sociology, Science and Research Branch, Islamic Azad University, Tehran, in International Journal of Social Sciences (Hrsg.), Vol.5, No.1, http://www.sid.ir/en/VEWSSID/J_pdf/5053020150102.pdf, (Download 24.06.2016)

Nave-Herz, Rosmarie 2013, Ehe- und Familiensoziologie, Eine Einführung in Geschichte, theoretische Ansätze und empirische Befunde, 3. Aufl., Weinheim . Basel, Beltz Juventa Verlag

Norali *Ghasemi*, David 2013, Iraner in Deutschland. Migrationsprozess und Integration: Facharbeit, GRIN Verlag in München, https://www.grin.com/document/301538, (Download 08.02.2021)

Nuscheler, Franz 2004, Internationale Migration. Flucht und Asyl, 2.Aufl., Opladen, Leske + Budrich Verlag

Online-Zeitschrift für Jurastudium Staatsexamen und Referendariat 2021, http://www.juraexamen.info/ueberblick-ueber-das-asylrecht-art-16a-gg/, (Download 08.04.2021)

Pabst, Astrid/Gerigk, Udo/Erdag, Surkan/Paulsen, Gunnar 2013, Flucht & Trauma, Ein multiprofessionelles Behandlungsangebot für psychisch erkrankte Flüchtlinge, in Feldmann, Robert E./Seidler, Günter H. (Hrsg.), Traum(a) Migration, Aktuelle Konzepte zur Therapie traumatisierter Flüchtlinge und Folteropfer, Gießen, Psychosozial-Verlag, S. 115-136

Peuckert, Rüdiger 2012, Familienformen im sozialen Wandel, 8. Aufl., Wiesbaden, VS Verlag für Sozialwissenschaften

Pinn, Irmgard / Wehner, Marlies 1995, EuroPhantasien, Die islamische Frau aus westlicher Sicht, Duisburg, Edel Druck

Pirmoradi, Saied 2003, Paar-und Familienbeziehungen im Iran, Eine kulturpsychologische Perspektive, Berlin, Freie Universität Berlin, Fachbereich Erziehungswissenschaft und Psychologie der Freien Universität Berlin, Berlin, (Diss.)

Polat, Abulillah 2014, Trauma und Sozialisation, Zu den Auswirkungen von Flüchtlingserfahrungen auf die nachfolgende Generation, e-Book, Springer VS (Download 23.10.2015)

Pooya Azadi, Matin Mirramezani und Mohsen B. Mesgaran 2020, Migration and Brain Drain from Iran, Working Paper 9, Stanford Iran 2040 Project, Stanford University, https://iranianstudies.stanford.edu/iran-2040-project/publications/migration-and-brain-drain-iran, (Download 07.12.2023)

Pro Asyl 2015, http://www.proasyl.de/de/themen/zahlen-und-fakten/, (Download 18.01.2015)

Rahimi, Zahra 2014, Paare in Interaktion: Konflikte-Krisen-Lösungen, 1. Aufl., Norderstedt, Books on Demand Verlag

Rau, Anna Katharina 2007, Krieg, Flucht und Vertreibung, Nationalsozialismus und Kriegserfahrungen in der Biografie alter Menschen, Hannover, Schlüter Verlag

Schaffer, Hanne 2009, Empirische Sozialforschung für die Soziale Arbeit: Eine Einführung, 2. Aufl., Freiburg im Breisgau, Lambertus Verlag

Schirazi, Asghar 2009, Nezam-e Hokumati-ye Jomhouri-ye Eslami-ye Iran, Din, Qanoun va Motlaqiyyat-e Qodrat, Cesmandaz, Paris, Vincennes Cedex

Schneewind, Klaus A. 2009, Berufsverband Deutscher Psychologinnen und Psychologen e.V. (Hrsg.), Familien in Deutschland, Beiträge aus familienpsychologischer Sicht, Berlin, Deutscher Psychologen Verlag GmbH

Schroeder, Joachim 2014, Die wissenschaftliche Perspektive auf Bildung, Beruf und Gesellschaft, Gag, Maren/Voges, Franziska (Hrsg.), Bildung in Umbruchsgesellschaften, Inklusion auf Raten, Zur Teilhabe von Flüchtlingen an Ausbildung und Arbeit, Bd. 10, Münster, Waxmann Verlag, S. 15-28

Schröder, Brigitte/Hahlweg, Kurt 2000, Lehrbuch der Verhaltenstherapie, Jürgen Margraf (Hrsg.), 2. Aufl., 2. Bd., Berlin . Heidelberg . New York, Springer Verlag

Schwingel, Markus 2005, Pierre Bourdiue, zur Einführung, 5. Aufl., Hamburg, Junius Verlag

Seukaw, Louis Henri 2014, Soziale Arbeit mit Flüchtlingen zwischen Macht und Ohnmacht, Gag, Maren/Voges, Franziska (Hrsg.), Bildung in Umbruchsgesellschaften, Inklusion auf Raten, Zur Teilhabe von Flüchtlingen an Ausbildung und Arbeit, Bd. 10, Münster, Waxmann Verlag, S. 49-59

Shenavari, Reza 2009, Migration in biographischer Perspektive am Beispiel von Migrations- und Integrationsverständnis der in den Städten Reutlingen und Tübingen ansässigen iranischen Migranten, http://nbn-resolving.de/urn:nbn:de:bsz:21-opus-52841; http://hdl.handle.net/10900/47783, (Download 17.10.2014)

Shisheva, Mariya 2010, Scottish Refugee Council, Maintaining Family Unity throughout the Asylum Support System in Policy and Practice, Glasgow, (Download 17.10.2014)

Statistisches Bundesamt 2010, Bevölkerung und Erwerbstätigkeit, Bevölkerung mit Migrationshintergrund, Fachserie 1, Reihe 2.2, Wiesbaden (Download 23.05.2013)

Statistisches Bundesamt (Hrsg.) 2023, Bevölkerung in Privathaushalten nach Migrationshintergrund, www.destatis.com, (Download 06.12.2023)

Stelzig-Willutzki, Sabina 2012, Soziale Beziehungen im Migrationsverlauf, Brasilianische Frauen in Deutschland, Wiesbaden, Springer VS Verlag

Stock Gissendanner/Calliess/Schmid-Otto/Behrens 2013, Migrantinnen und Migranten zwischen Trauma und Traumabewältigung, Implikationen aus Migrationssoziologie und interkultureller Psychotherapie für die psychiatrische, psychosomatische und psychotherapeutische Behandlungspraxis, Feldmann, Robert E./Seidler, Günter H. (Hrsg.), Traum(a) Migration, Aktuelle Konzepte zur Therapie traumatisierter Flüchtlinge und Folteropfer, Gießen, Psychosozial-Verlag, S.61-80

Strübing, Jörg, 2008, Grounded Theory. Zur sozialtheoretischen und epistemologischen Fundierung des Verfahrens der empirisch begründeten Theoriebildung, 2. Aufl., Wiesbaden, VS Verlag für Sozialwissenschaften

Tabatabai, Mohammad 2011, Ressourcen und Konfliktpotenziale in binationalen Partnerschaften. Eine Studie zu deutsch-iranischen Paarbeziehungen im Kontext der Positiven Psychotherapie, Tectum Wissenschaftsverlag (Hrsg.), Baden Baden

The United Nations Refugee Agency 2023, https://www.unhcr.org/dach/de/6483-flucht-und-vertreibung-2015-drastisch-gestiegen.html, (Download 18.11.2023)

Thielen, Marc 2009, Wo anders leben? Migration, Männlichkeit und Sexualität, Biografische Interviews mit iranischstämmigen Migranten in Deutschland, Münster . Neu York . München . Berlin, Waxmann Verlag

Tiedemann, Paul 2015, Flüchtlingsrecht, Die materiellen und verfahrensrechtlichen Grundlagen, Berlin . Heidelberg, Springer-Verlag

Treibel, Annette 2008, Migration in modernen Gesellschaften, Soziale Folgen von Einwanderung, Gastarbeit und Flucht, 4. Aufl., Weinheim . München, Juventa Verlag

UNO-Flüchtlingshilfe 2014, http://www.uno-fluechtlingshilfe.de/fluechtlinge/zahlen-fakten.html, (Download 13.10.2014)

UNO-Flüchtlingshilfe 2021, https://www.uno-fluechtlingshilfe.de/hilfe-weltweit/hilfe-in-

Vienna, Flüchtlingszahlen 2022, https://www.vienna.at/fluechtlingszahlen-rekord-weltweit-verdoppelung-in-zehn-jahren/7486441, (Download 18.08.2022)

Volksbund Deutsche Kriegsgräberfürsorge e.V. 2013, Materialien zur Friedenserziehung, Beispiele Praxis, Pädagogische Handreichung – Arbeit für den Frieden, Flüchtlinge, Landesverband Bayern Volksbund Deutsche Kriegsgräberfürsorge, München, https://www.volksbund.de/fileadmin/redaktion/BereichInfo/BereichPublikationen/Friedenserziehung/Handreichungen/0078_Fluechtlinge.pdf, (Download 21.05.2024)

Weeber, Vera Maria/Goegercin, Sueleymann 2014, Traumatisierte minderjährige Flüchtlinge in der Jugendhilfe, ein interkulturell- und ressourcenorientiertes Handlungsmodell, Bd. 6 von Perspektiven Sozialer Arbeit in Theorie und Arbeit, Herbolzheim, Centaurus Verlag

Weick, Stefan/Roland, Habich 2013, Einstellungen zu Familie und Lebensformen, Familie, Lebensformen und Kinder, *Bundeszentrale für politische Bildung* (Hrsg.), Datenreport 2013, Wissenschaftszentrum Berlin für Sozialforschung, https://www.demogr.mpg.de/publications/files/5001_1386248505_1_PDF%20german.pdf, (Download 30.05.2024)

Weindl, Melanie 2014, Whistlebowing in Einrichtungen der Sozialen Arbeit, Vom Umgang mit ethischen Dilemmata als Führungsaufgabe, file:///C:/Users/zarte%20Blume/Desktop/Juni.2020/Interviews-Stick/5.5.24,%20Gro%C3%9Fma%C3%9F%202011,%20Masterarbeit_Weindl_Whistleblowing_in_Einrichtungen_der_Sozialen__Arbeit.pdf, **Großmaß Ruth 2011,** „Klienten", *„Adressaten"*, „Nutzer", „Kunden", (Download 05.05.2024)

Willi, Jürg 1985, Ko-evolution, Die Kunst gemeinsamen Wachsens, Reinbek, Rowohlt Verlag

Interview mit Bourdieu: https://www.youtube.com/watch?v=R5hT7X2rpvc

MAXQDA, http://www.maxqda.de/produkte/was-ist-qda-software

Statista 2024, https://de.statista.com/statistik/daten/studie/459422/umfrage/asylbewerber-in-den-laendern-der-eu/, Stand 22.10.2024

Statista 2023, https://de.statista.com/statistik/daten/studie/76095/umfrage/asylantraege-insgesamt-in-deutschland-seit-1995/, Stand 15.11.2023

III. Anhang

Muster-Transkription von einem Interview

I: zunächst möchte ich mich dafür bedanken dass sie so freundlich sind und ihre zeit für dieses projekt lassen #00:00:21-1#

B: gerne #00:00:22-0#

I: wie ich am telefon bei unserem ersten Kontakt gesagt habe möchte ich mit dieser Befragung herausfinden welche veränderungen die paare aus dem iran in ihrer paarbeziehung //ja// feststellen wenn sie aus ihrer heimat fliehen nach deutschland kommen und in deutschland leben //ja// mich interessiert die partnerschaft diese gruppe in deutschland mich interessiert alles was mit ihrer paarbeziehung zu tun hat (lacht) erzählen sie mir bitte von ihrer Partnerschaft #00:00:59-1#

B: wie soll ich erzählen. wir waren verheiratet. wir hatten ein drei jähriges noch nicht mal drei Jahre alt ein Sohn als uns dort so eng wurde und wir mussten das Land verlassen. dann hab ich zuerst geschafft mit meinem sohn nach deutschland zu kommen. anfang an wollten wir irgendwo zum beispiel kanada oder irgendwo anders nicht deutschland. aber auf einmal waren wir in deutschland gelandet und die kleine dinge brauche ich nicht zu erzählen. wir waren hier paar monate. dann kam mein mann dazu und wie bei uns immer norm ist im iran obwohl wir ein bisschen zu sagen intelektuelle waren aber so traditionell geheiratet und gelebt und miteinander klar gekommen und hier waren wir ganz normal haben wir versucht arbeit zu finden sprache lernen dies und das mit dem kind auch beschäftigt einundhalb oder zwei jahre nach ist meine tochter geboren worden hier in deutschland mein mann ex-mann jetzt (lacht) schon hat versucht arbeit zu finden und war schwer für mich als allein hier niemand verwandtschaft war hier bei uns und danach mit zwei kleine kinder das war sehr schwer ohne sprache zu beherrschen ohne einen anständige job zu haben dies und das wie alle kennen das war wirklich schwer bis dahin dann man sich irgendwie findet und die ganze kultur verstehen kann weil das ist wie sie wissen zwei ganz verschiedene kultur wir aus dem orient und hier ein europäisches land ein so fortgeschrittene so zu sagen damit haben wir nach und nach uns irgendwie abgefunden aber finanzielle probleme arbeitssituation dies und das und die kinder ohne ich betone immer ohne verwandtschaft kinder groß zu ziehen und vernünftig damit mit der sache klar kommen ist sehr schwer dann zeigt die ganze später wie jetzt bei meine kinder ich sehe so ihre interesse ist die beziehung zwischen paare //ja// bei uns war so am anfang an nicht so man sich wünscht weil wir zwei verschiedene persönlichkeiten waren ja wie gesagt traditionell obwohl wir ganz gekämpft haben alles gemacht haben und gelesen dies und das und ein bisschen weltoffen waren aber trotzdem ich besonderes war sehr sehr traditionell ich wollte immer nur alles mitmachen damit die familie nichts kaputt geht aber leider hatten lange zeit sich irgendwie anderes entwickelt und ja ich war mit den kindern beschäftigt ich wollte alles richtig machen und gleichzeitig hab ich auch arbeit gesucht und das war schwer ich als akademikerin aus dem iran hier gekommen und weil ich die sprache nicht beherrschte konnte nicht richtig ohne ausbildung dies und das konnte man nicht richtigen job finden besonders

Inwiefern beeinflussen die Flucht und ihre Folgen die Paarbeziehungen von Flüchtlingspaaren?

Die erste Seite des schriftlichen Fragebogens als Muster für den Leser

<u>Fragebogen zum Projekt „Partnerschaft – Flucht – Habitus (ParFlutus)"</u>

a) Vielen DANK für Ihre Zeit!

b) Bitte denken Sie daran, dass das Mehrfachantworten möglich ist!

c) Diese Befragung findet im Rahmen einer wissenschaftlichen Studie statt! Ihre Antworten werden anonymisiert behandelt!

1. Zur Person:

O männlich   O weiblich

O 20 – 40 Jahre   O 40 – 60 Jahre   O über 60 Jahre

Seit wann sind Sie in Deutschland? ....

O verheiratet (seit ....)   O geschieden (seit ....)   O verwitwet (seit ....)

O kein Kind   O 1 – Kind   O 2 – Kinder   O 3 – Kinder   O mehr als drei Kinder

2. Wohnort:
Ich wohnte bis zu unserer Flucht in   O einem Dorf
in einem Ort bis zu O 30000   O 50000   O 100000   O mehr als 100000 Einwohner.

Ich wohne seit der Ankunft in Deutschland in   O einem Dorf
in einem Ort bis zu O 30000   O 50000   O 100000   O mehr als 100000 Einwohner.

3. Religion: Religion spielt in meinem Leben O eine Rolle   O eine wichtige Rolle   O keine Rolle.
O Sonstiges ....

4. Bildung: O keine Abschlüsse   O Schulische/Betriebliche Berufsausbildung

O Akademische Ausbildung   O Sonstiges ....

5. Finanzielle Lage:
O Meine Herkunftsfamilie war wohlhabend.
O Meine Herkunftsfamilie war finanziell schwach.
O Die Herkunftsfamilie meines Mannes/meiner Frau war wohlhabend/war finanziell schwach.

Ich bin
O Vollzeitbeschäftigt   O Teilzeitbeschäftigt
O befristeter Arbeitsvertrag   O unbefristeter Arbeitsvertrag
O Ich habe keine Erwerbstätigkeit.
Finanziell ging es uns in meiner Heimat
O gut / schlecht im Vergleich zu Deutschland
O besser / schlechter als in Deutschland
O viel besser / viel schlechter als in Deutschland
O Sonstiges ....

Inwiefern beeinflussen die Flucht und ihre Folgen die Paarbeziehungen von Flüchtlingspaaren?

Impressum:
© 2024 Zahra Rahimi

Verlag: BoD · Books on Demand GmbH, In de Tarpen 42,
22848 Norderstedt
Druck: Libri Plureos GmbH, Friedenallee 273, 22763 Hamburg
ISBN: 978-3-7693-1858-6